VALERIE HUSEMANN

Hör auf dich!

Entdecke deine innere Stimme –
sie kennt deinen Weg

KNAUR
BALANCE

Originalausgabe November 2021
Knaur Balance
Ein Imprint der Verlagsgruppe
Droemer Knaur GmbH & Co. KG, München
Alle Rechte vorbehalten. Das Werk darf – auch teilweise –
nur mit Genehmigung des Verlags wiedergegeben werden.
Redaktionelle Mitarbeit: Stephanie Bräuer
Redaktionelles Lektorat: Karin Weber
Covergestaltung: Lisa Höfner | buxdesign
Coverabbildung: Roman Husemann
Satz: Daniela Schulz
Druck und Bindung: Grafisches
Centrum Cuno GmbH & Co. KG, Calbe
ISBN 978-3-426-67610-3

2   4   5   3   1

Inhaltsverzeichnis

Willkommen

Dieses Buch liegt nicht aus Zufall in deinen Händen. Die Zeilen, die du gerade liest, liest du nicht einfach nur so. Du bist genau zur richtigen Zeit am genau richtigen Ort. Du bist hier in diesem Moment, aus einem ganz bestimmten Grund. Und dieser Grund wird sich dir in der Zeit, in der du dieses Buch liest, offenbaren.

Zuerst wird es sich so anfühlen, als würde dir jemand ganz leise etwas zuflüstern. So leise, dass du die Worte kaum verstehen kannst. Mit der Zeit wird diese Stimme immer deutlicher und klarer werden. Sie wird dir Botschaften schicken – im Innen und im Außen. Sie wird dir Zeichen schicken auf ganz unerwarteten Wegen. Und plötzlich wird sie dir so vertraut sein, als wäre sie schon immer da gewesen. Und das war sie tatsächlich. Diese Stimme war schon immer da, schon immer in dir. Und sie schickt schon immer Zeichen und Botschaften, doch bisher lag dein Fokus nicht darauf, denn die Stimme lag nicht in deinem Bewusstseinsfeld. Du konntest sie nicht wahrnehmen. Und genau dafür bist du jetzt hier.

Schon während du dieses Buch liest, wird sich dein Bewusstsein erweitern. DU wirst dein Bewusstsein erweitern. Du wirst neue Ebenen kennenlernen, in den Spiegel sehen, tief in die Augen deiner Seele blicken und dein wahres Selbst sehen. Und langsam wirst du erkennen, welches Wunder du in dir trägst. Wir begeben uns gemeinsam auf eine Reise der Akzeptanz und des Loslassens, um im Anschluss die Version von uns zu verkörpern, die das Wunder in uns schon längst erkannt hat, es lebt und in die Welt hinausträgt.

Deine innere Stimme existiert schon immer

Dieses Buch soll Mut machen. Es soll dir dabei helfen, aufzuhören, im Außen zu suchen, und stattdessen deinen Blick nach innen zu richten. Um dich mit deiner inneren Stimme zu verbinden, deiner Intuition, deinem ganz persönlichen Kompass, deinem Nordstern, der dir den Weg leuchtet.

Mutig zu sein heißt nicht, keine Angst zu haben. Es bedeutet, etwas trotz der Angst zu tun, ohne sie dafür zu verurteilen. In dieser lauten Welt kann es sich manchmal anfühlen, als würde man untergehen, als müsste man sich viel größer und selbstbewusster machen, um wirklich gesehen und akzeptiert zu werden. Zumindest habe ich mich sehr häufig in meinem Leben so gefühlt.

Ich habe mich vor mir selbst versteckt und große Teile von mir zurückgehalten – aus Angst vor Verurteilung, aus Angst, nicht genug zu sein. Im Außen spielte ich eine ganz andere Rolle als im Innen. Und da ich diese Rolle schon so lange spielte, konnte ich irgendwann mein wirkliches Ich, meinen wahren Kern, meine Essenz, nicht mehr spüren. Ich hatte die Verbindung zu mir selbst verloren.

Die Reise nach innen lehrte mich, wie es ist, meine Wahrheit zu leben, in mich selbst zu vertrauen und Verbundenheit mit mir, aber auch mit anderen zuzulassen. In dem Moment, als ich mir selbst versprochen habe, nach meiner Intuition zu leben und ihr zuzuhören, hat ein neues Kapitel für mich begonnen.

Zuhause

Dieses neue Gefühl ist schwer zu beschreiben, aber das Wort, das es am meisten trifft ist: Zuhause. Das Zuhause in mir selbst. Das Zuhause, das ich so lange im Außen gesucht habe, obwohl ich es schon immer in mir selbst getragen habe.

Genau deswegen ist es mir so wichtig, dieses Buch zu schreiben und dir zu sagen: Hör auf dein Herz, hör auf deine innere Stimme und vertraue ihr. Triff Entscheidungen mit ihr, träume mit ihr – denn sie kennt dein

Wunder und deinen Weg. Jetzt ist es Zeit, ihr zu lauschen und loszulassen. Ich weiß, das ist nicht leicht, aber ich verspreche dir: Der Mut, deinen eigenen Weg zu gehen, wird sich auszahlen – in Dimensionen, die du dir jetzt noch nicht vorstellen kannst. Gehe deinen Weg. Auch wenn er aus der Norm herausfällt oder noch nie zuvor von jemandem gegangen wurde.

Ich wünsche mir, dass dieses Buch dir hilft, den Mut zu finden, dich selbst an die Hand zu nehmen, Verbundenheit mit dir selbst zu entwickeln, dir selbst eine Freundin, ein Freund zu werden. Dich so liebevoll anzunehmen und so liebevoll mit dir selbst zu sprechen, wie du mit Menschen sprichst, die du liebst. Ich wünsche mir, dass du erfährst, wie viel leichter das Leben dadurch wird und mit wie viel mehr Lebensfreude und Lebensenergie du dann durchs Leben gehst. Und wie du so Situationen und Menschen und Möglichkeiten findest, die wirklich dir selbst und deinem größten Herzenswunsch entsprechen.

Höre auf, gegen dich zu kämpfen

Als Teenager habe ich mich in vielen verschiedenen Nebenjobs ausprobiert: in der Eisdiele, im Restaurant, beim Zeitungenaustragen und in noch so vielem mehr. Ich hatte damals schon den Wunsch, herauszufinden, was mir wirklich Spaß macht, und hoffte, dass ich in den kommenden Jahren durch Praktika und Studium das finden würde, was ich wirklich machen wollte. Doch bei den meisten dieser Stationen wusste ich schon nach kurzer Zeit, dass es nichts für mich war, es nicht dem entsprach, was ich mir für mein Leben vorgestellt hatte. »Bin ich zu faul? Bin ich nicht fleißig genug?« »Bin ich zu anspruchsvoll? »Ist das Berufsleben einfach nicht dafür gedacht, einen zu erfüllen?« Diese Fragen stellte ich mir und fühlte mich irgendwie schuldig.

Zum Glück hat mir mein Weg in den letzten Jahren mit all seinen Höhen und Tiefen gezeigt, dass es zwar Menschen gibt, die den klassischen, gesellschaftlich »anerkannten« Weg gehen, ich selbst aber in keine Schublade passe und das auch nicht muss. Es gibt für uns nicht nur die eine oder die andere Tür. Es gibt Tausende Türen, und du darfst so viele davon öffnen, wie du möchtest. Du darfst für dich selbst herausfinden, wer du bist, was du brauchst und wann du es brauchst.

Ich zum Beispiel durfte lernen, dass ich ein intuitiver, kreativer Mensch bin, dessen Energie und Kreativität in Wellen kommt und geht. Ich kann sie nicht planen. Ich kann sie nicht übers Knie brechen. Ich brauche Freiheit, um meine Kreativität fließen zu lassen. Ich brauche Tiefe und Verbundenheit in meinem Leben. Mein Privatleben und mein Berufsleben sind eins, denn mein Beruf ist gleichzeitig meine Berufung. Andere Menschen trennen Berufs- und Privatleben strikt. You do you. I do me. Vielleicht gehst du total auf in einem Nine-to-five-Job und spürst auch dort deine Lebensenergie. Vielleicht bist du ein Mensch, der Struktur und Zahlen liebt, und zweifelst manchmal an dir, weil du glaubst, kreativer sein zu müssen. Vielleicht bist du ein Mensch, der gar keinen Wert auf seine Karriere legt und dafür in seinem Privatleben extrem aufblüht und seine Leidenschaften lebt.

Was ich damit sagen möchte: Es ist vollkommen egal, was andere für möglich oder angebracht halten. Wichtig ist, dass du dich nicht selbst zu etwas zwingst, das weder dir noch deiner Energie entspricht, aus Angst, dass es da draußen nichts gibt, was wirklich zu dir passt. Du darfst es dir erlauben, auf Entdeckungsreise zu dir selbst zu gehen, dich besser kennenzulernen und dein Leben darauf basierend zu gestalten. Ein Leben, das intuitiv und im Flow mit deinem Wesen ist, deinem wahren Kern. Denn aus diesem entspringt die Quelle deiner Lebensenergie und Leichtigkeit.

Lass los, was du glaubtest zu wissen

Du darfst aufhören, gegen dich zu kämpfen, und loslassen. Mit loslassen meine ich alles, von dem du dachtest, dass es dich definiert: das Bild, das deine Familie, Freunde oder die Gesellschaft von dir haben, was andere für richtig und vernünftig halten, und Glaubenssätze, die dich aufhalten, dein wahres Ich zu entfalten. Der richtige Zeitpunkt, uns zu entfalten und neue Wege zu gehen, ist immer jetzt. Nutze ihn, gib dir selbst aber auch die Zeit und den Raum zu entdecken, was deine innere Stimme dir zuflüstert.

Übernimm Verantwortung für dich selbst

Ich weiß, das alles klingt so leicht. Die Umsetzung ist es dann eben doch nicht. Das liegt vor allem daran, dass sich uns gerne unser Unterbewusstsein in den Weg stellt. Denn das fühlt sich wohl in unserer Komfortzone, und genau die müssen wir verlassen oder zumindest erweitern, wenn wir in die Selbstverantwortung kommen möchten. Das ist oft ein schmerzhafter Prozess, der uns dazu zwingt, in den Spiegel zu sehen. Denn niemand setzt uns morgens die Pistole auf die Brust und sagt: Genau so musst du dein Leben gestalten. Alles ist deine Entscheidung. Sich das einzugestehen, kann sehr schwer sein. Denn es bedeutet, dass wir selbst ins Handeln kommen müssen.

Wir haben die Wahl. Die »Abers«, die dann oft auftauchen, sind meistens Glaubenssätze, die uns schon lange begleiten. Dazu mehr im ersten Kapitel. Wir haben die Wahl. Sich das einzugestehen, wirft allerdings viele Fragen auf – und oft auch zunächst unangenehme Gefühle. Der vermeintlich einfachste Weg ist es, wegzuschauen und weiterzumachen wie bisher.

Achtsamkeit ist nicht der leichtere Weg

Nicht wegzuschauen, ist nicht immer einfach. Genauso wenig wie das Thema Achtsamkeit. Denn sobald du achtsam lebst, hörst du mehr von deinen Gedanken, spürst du mehr von deinen Gefühlen und fängst an, Dinge zu hinterfragen. Achtsamkeit ist wunderbar und kraftvoll, kann aber anfangs auch etwas beängstigend sein. Denn wenn wir auf einmal dort hinschauen, wo wir so lange weggesehen haben, finden wir Gedanken und Gefühle, die wir vor uns hergeschoben haben, um nichts ändern zu müssen. Und vor der Veränderung haben wir Angst.

Als ich meine Reise nach innen begonnen und mich immer mehr mit den Themen Spiritualität, Intuition und Achtsamkeit beschäftigt habe, gab es oft Zeiten, in denen ich mich sehr einsam und ratlos gefühlt habe. Ich wusste ja eigentlich, was mir guttun würde, aber doch hat es sich so angefühlt, als würde ich mich ständig im Kreis drehen. Ich fühlte mich unausgeglichen und energielos und ignorierte diese Gefühle eine lange Zeit. Du beginnst deine Reise nicht allein. Ich bin hier, um gemeinsam mit dir auf den Weg zu gehen, dich bei Veränderungen zu unterstützen – von innen nach außen. Ich möchte dir nicht meinen Weg aufzwingen – im Gegenteil. Ich möchte dir viel mehr zeigen, wie du deinen ganz eigenen Weg finden kannst. Denn nur der ist für dich bestimmt, und nur dein Weg wird dich erfüllen und dich dein Zuhause in dir selbst finden lassen.

Nur du kannst dein Leben verändern

Ich kann dich mit diesem Buch begleiten. Ich kann dein Leben nicht verändern, das kannst nur du selbst. Aber ich kann dir zeigen, welche Wege ich gegangen bin, wie sie mir geholfen haben und vielleicht auch dir helfen können.

Vielleicht ist es ein bisschen seltsam, wenn ich das Folgende in der Einleitung für ein Buch schreibe, aber es ist so wichtig: Bitte komm davon weg, immer zu glauben, dass du ganz viel in dich aufsaugen musst, in der Hoffnung, DIE eine Formel zu finden, die dein Leben verändert. Du wirst sie in keinem Buch, keinem Seminar, keinem Podcast finden. Mit Sicherheit findest du Inspiration, Ratschläge und Ideen, die dich dabei unterstützen, aber diese EINE Formel, die dein Leben verändern wird, wirst du nicht im Außen finden. Sie wartet im Innen auf dich. Und wenn du mutig genug bist zuzuhören, wirst du dich wundern, wie offensichtlich und nah sie immer war, auch wenn du das jetzt nicht glauben kannst.

Mit diesem Buch möchte ich dich anstupsen, deine eigene Lebensenergie-Formel zu finden. Ich erzähle dir von wissenschaftlichen und spirituellen Erkenntnissen, aber auch von meinen eigenen Erfahrungen.

Ich zeige dir ein paar einfache Übungen und Rituale und lade dich an einigen Stellen auf eine heilende Meditation ein. Aber sei dir bewusst: Wahre Veränderung entsteht durch intuitive Umsetzung, Ausprobieren und das Vertrauen in dich selbst und in das Leben. Lass uns vom Kopf ins Herz kommen und vom Denken ins Fühlen, okay?

Warum ist das alles eigentlich so wichtig?

Wenn man etwas tut, was einen unglücklich macht und nicht den eigenen Werten entspricht, hat man sehr schnell das Gefühl, dass man zu wenig Sinnhaftigkeit im Leben hat. Doch wir Menschen sehnen uns nach Sinn. Wir brauchen Sinnhaftigkeit – sie ist eines unserer Grundbedürfnisse, die wichtig für unser Überleben sind. Wenn wir im Innen jemand anderes sind als im Außen, dann geraten diese beiden Welten früher oder später in Konflikt. Ich selbst habe so lange in diesem Konflikt gelebt und gedacht, er gehört zum Leben dazu. Doch das tut er nicht. Weder für dich noch für mich noch für irgendjemanden.

Es darf leicht sein.

Hör also auf deine innere Stimme, auf die kleinen Impulse, die in dir hochkommen, während du in diesem Buch liest. Schreibe sie dir am besten auf, nimm die Zeichen wahr und vertraue auf sie.

Wie ich gelernt habe, auf meine innere Stimme zu hören

Ich werde in einigen Kapiteln dieses Buches auch meine eigenen sehr persönlichen Erfahrungen und Situationen schildern – um dir meinen Weg besser verständlich und dir vielleicht das eine oder andere Thema anschaulicher zu machen. Bevor wir aber in die einzelnen Themen gehen, möchte ich dir kurz erzählen, wie ich gelernt habe, auf mich zu hören.

Rückblick

Ich zog mit 17 Jahren von Zuhause aus und machte ein paar Jahre später mein Fachabitur in Wirtschaft. Danach sollte ich mich, wie alle, für meinen weiteren Lebensweg entscheiden – und war damit total überfordert. Also entschloss ich mich kurzerhand, für einige Monate nach Brasilien zu gehen. In Rio de Janeiro, in der Favela Rosinha, wollte ich in einem Kinderhort arbeiten. Ich kannte zwar das Land, da ich einige Jahre meiner Kindheit dort verbracht hatte, aber das war es auch schon. Wenn ich das jetzt aufschreibe, muss ich wirklich schmunzeln. Denn diese Entscheidung passte eigentlich gar nicht zu mir – jedenfalls nicht zu der Person, für die alle anderen (einschließlich ich selbst) mich hielten.

Wie ausgerechnet ich, wo ich doch immer schüchtern und introvertiert war, auf die Idee kam, ganz alleine in ein Land zu fliegen, das ich seit meiner Kindheit nicht mehr gesehen hatte? Um dann auch noch völlig ahnungslos in die gefährlichste Gegend der Stadt zu ziehen? Das fragte ich mich auch – allerdings erst als der Flieger in Rio landete. Noch während ich am Gepäckband stand und auf meinen Koffer wartete, beschloss ich, am nächsten Morgen meine Eltern anzurufen, um zuzugeben, dass ich mich maßlos überschätzt hatte und ich mit dem nächsten Flug zurückkommen würde.

Doch als ich in der Favela ankam, sah ich in all die Gesichter der Menschen. Kinder saßen vor ihren Hütten und machten Musik mit selbst gebastelten Instrumenten, Frauen tanzten und flochten sich die Haare – und ich fühlte mich gar nicht mehr fremd. Nicht ein bisschen. Wieso? Das weiß ich selbst nicht so genau. Ich bin mir aber ziemlich sicher, dass meine Intuition mir in diesem Moment dieses Gefühl schickte, um es mir leichter zu machen, da zu bleiben, zu entdecken und in mich selbst zu vertrauen.

Die Monate in Brasilien gehören zu den schönsten und aufregendsten meiner ganzen Jugend. Damals habe ich eine neue Seite an mir kennengelernt, von der ich niemals gedacht hätte, dass es sie geben könnte. Genau das kann eine magische Erfahrung sein: Alleine, an einem fremden Ort, kann man plötzlich all die Rollen fallen lassen, die man über die Jahre angenommen hat, und sich selbst neu kennenlernen.

Die erste Begegnung mit meiner inneren Stimme

An einen Moment kann ich mich ganz besonders erinnern. Denn es war das erste Mal in meinem Leben, dass ich ganz klar eine Stimme in mir hörte, die mir ein Zeichen gab: Ich saß im Morgengrauen am anderen Ende der Stadt an einer Bushaltestelle, nachdem ich die ganze Nacht mit Freunden durchgetanzt hatte. Der nächste Bus kam nicht, mein Handyakku war leer, also wartete ich einfach und genoss die Stille, die in Rio wirklich nur im Morgengrauen zu finden ist.

Da setzte sich eine Frau neben mich, und wir fingen an, uns in einem Mix aus Englisch und Portugiesisch zu unterhalten. Sie erzählte mir, dass sie die ganze Nacht nicht hatte schlafen können, weil sie heute ein Vorstellungsgespräch habe und aufgeregt sei. Sie fragte mich, was ich in Brasilien machte, und ich erzählte ihr von den letzten Monaten und dass ich bald wieder nach Deutschland fliegen würde, um mich dann für ein Studium zu bewerben. Sie fragte, was ich studieren wollte, und ich erzählte ihr, dass ich absolut keine Ahnung hätte und eigentlich gehofft hatte, hier Klarheit zu finden. Als wir uns verabschiedeten, schrieb sie mir ein portugiesisches Sprichwort auf einen Zettel, das sie nicht übersetzen konnte, und ich steckte es in meine Jeanstasche – und vergaß es.

Als mein letzter Tag in Brasilien gekommen war, ging ich an der Strandpromenade spazieren und wollte mir unbedingt noch ein Andenken mit nach Deutschland nehmen. Ich stöberte in einem Laden herum und fand ein wunderschönes Notizbuch. Ich setzte mich damit an den Strand und fing an, über die letzten Monate zu schreiben und darüber, was in mir vorgegangen war und vorging. Dabei wurde mir bewusst, dass ich Angst hatte, dass dieses Gefühl, das ich hier so intensiv gespürt hatte, zu Hause nicht mehr da sein würde. Dass die Menschen auf eine »alte« Valerie warteten und diese neuen Seiten an mir nicht sehen oder akzeptieren würden. Gleichzeitig fühlte ich mich plötzlich unter Zeitdruck, weil ich doch eigentlich hierhergekommen war, um über meinen weiteren Lebensweg nachzudenken. Aber ich hatte immer noch keine Entscheidung getroffen. Und nun kam dieser Druck in mir hoch, den ich das letzte Mal in Deutschland gespürt hatte. Mir liefen die Tränen über die Wangen. Als ich in der Hoffnung, irgendein altes Taschentuch zu finden, in meine Tasche griff, hatte ich plötzlich den Zettel in der Hand, den mir die Frau mitgegeben hatte. Obwohl er schon mindestens einmal mitgewaschen worden war, konnte ich die Worte noch entziffern und tippte sie aus Neugierde in meinen Handy-Übersetzer ein. Und dort stand:

Im Loslassen liegen die Flügel der Freiheit.

Als ich diese Worte las, pochte mein Herz auf einmal wie wild, meine Hände wurden feucht. Ich lächelte, legte den Zettel in mein Notizbuch und klappte es zu. Ich wusste jetzt, was ich zu tun hatte: loslassen. Einfach loslassen. Und in diesem Moment wichen die Anspannung und die Angst, und ich wusste, dass ich mich in ein paar Jahren genau an diesen Moment erinnern würde und dass ich dann glücklich sein würde und genau da wäre, wo ich sein sollte.

Damals konnte ich noch nicht ahnen, wie oft ich in den darauffolgenden Jahren an diese Worte denken würde. Und dass es auch noch eine Weile dauern würde, bis ich ihre Weisheit umsetzen konnte.

Der richtige Weg?

Ein paar Monate nach meiner Rückkehr fing ich ein Studium an: Public Relations und Medienmanagement. In dieser Zeit ließ ich meinen Blog, den ich schon mit 16 angefangen hatte, wieder aufleben. Ich weiß noch, im ersten Jahr hatte ich ihn vor meinen Freunden und meiner Familie versteckt, weil ich Angst hatte, sie würden das belächeln. Auf dem Blog beschäftigte ich mich mit Themen wie Mode, Lifestyle und Reisen. Und als ich schon ein paar Monate studiert hatte, wurde ich auf einmal von Marken und PR-Agenturen angeschrieben und bekam meine ersten kleineren Jobs, ging auf Pressereisen und besuchte die Fashion Weeks in Berlin, Paris und London.

Mein Studium verfolgte ich nur halbherzig. In den Vorlesungen bastelte ich oft an meinem Blog, bearbeitete Bilder und schrieb neue Beiträge. Das machte mir wirklich Freude. Das Studium war die Show im Außen, die ich aufrechterhalten musste. Denn was würden die anderen sonst denken?

Dann kam der Praktikumsteil des Studiums, und ich durfte einige Monate in der PR-Abteilung einer deutschen Modedesignerin arbeiten, worauf ich mich riesig freute. Denn ich war überzeugt davon, dass das GENAU DAS sei, was ich nach dem Studium machen wollte.

Natürlich bekam ich anfangs nur Hilfsarbeiten zugeteilt, aber das war vollkommen fein für mich. Ich hatte einen Traum, und er begann genau hier, wo ich jetzt war. Ich würde hart arbeiten, um an mein Ziel zu kommen. Im Laufe der Zeit durfte ich auch immer mehr interessantere Aufgaben übernehmen. Doch die Begeisterung, die Leidenschaft blieb aus. Je mehr Einblicke ich bekam, desto mehr spürte ich: Das ist es nicht. Das bist nicht du. Gleichzeitig fragte ich mich – und fühlte mich dabei schuldig: »Will ich zu viel? Ist das Leben einfach so? Warum stell ich mich so an? Was ist falsch mit mir?«

Irgendetwas muss sich ändern

In den folgenden Monaten ließ ich das Studium schleifen, arbeitete eigentlich nur noch an meinen kreativen Projekten, Fotografien und Artikeln für meinen Blog. Mittlerweile hatte ich mir einen kleinen Kundenstamm aufgebaut, verfasste Gastartikel und verdiente genug Geld damit, um meinen Nebenjob in der Eisdiele aufgeben zu können.

Aber irgendwas musste ich ändern. Ich hatte den dringenden Wunsch, aus der Kleinstadt herauszukommen und ein neues Abenteuer zu erleben. Obwohl mein Studium noch nicht fertig war und mein damaliger Freund (und heutiger Mann) Roman und ich gerade mal Geld für einen einzigen Monat Miete hatten, beschlossen wir, nach Berlin zu ziehen.

In einer Nacht-und-Nebel-Aktion fuhren wir nach Berlin, und, auch wenn uns jeder sagte, dass es total naiv wäre und wir monatelang nach einer Wohnung suchen müssten, das Schicksal war auf unserer Seite. Wir unterschrieben nach einer Woche einen Mietvertrag und zogen fünf Tage später in unsere neue Wohnung. Ehrlich gesagt wusste ich damals selbst nicht genau, was ich da gerade machte. Aber da war wieder diese Stimme, die mir zu verstehen gab, dass in dieser Stadt irgendetwas auf mich wartete. Also sprang ich ins kalte Wasser, beziehungsweise ins kalte Berlin, wo weder Roman noch ich irgendeine Menschenseele kannten. Rückblickend bin ich dankbar für dieses Erst-hinterher-Nachdenken. Sonst wäre ich diesen Schritt wohl nie gegangen.

Berlin

In Berlin nahm meine Selbstständigkeit immer mehr Gestalt an, bis ich an einem Punkt war, an dem ich mich entscheiden musste: entweder mein Studium fortsetzen und meinen Bachelor machen, oder in meiner Selbstständigkeit voll durchstarten und versuchen, davon leben zu können. Beides zusammen funktionierte nicht mehr.

Obwohl ich so viel Angst und Selbstzweifel hatte, entschied ich mich für die Selbstständigkeit – entgegen dem Rat aller Menschen in meinem Umfeld: Denn die machten sich Sorgen, ich könnte ernsthaft glauben, damit einen »richtigen« Job zu ersetzen. Sie waren überzeugt davon, dass ich unbedingt diesen Zettel von der Uni bräuchte, um irgendwann in einem richtigen Unternehmen anfangen zu können. Und ich kann es ihnen nicht verübeln. Denn ihre Sorgen waren rational begründbar. Ich weiß, sie wollten nur das Beste für mich. Auch deswegen war ich oft total verunsichert und konnte wochenlang nicht schlafen. Bis ich schließlich den bewussten Entschluss fasste, allen (und vor allem mir selbst) zu beweisen, dass ich es schaffe.

Das »Traumleben«

In den nächsten Jahren war ich in Berlin viel in der Modebranche unterwegs, auf Presseevents und Reisen. Die Selbstständigkeit war zur Normalität geworden, und es fühlte sich an, als würde die Zeit wie im Flug vergehen. Manchmal musste ich mich selbst kneifen, weil ich nicht glauben konnte, dass ich mir das alles selbst erschaffen hatte, dass ich mein Leben frei gestalten konnte, dass ich das erste Mal in meinem Leben Geld hatte und wir Orte in der Welt bereisen konnten, von denen ich immer geträumt hatte.

Und so fühlte sich auch alles an. Wie ein Traum. Denn ich hätte mir niemals vorstellen können, dass ich – ausgerechnet ich – so etwas mit Anfang zwanzig erleben könnte.

Doch zu diesem Gefühl eines Traums mischte sich auch immer die Angst, dass es bald vorbei sein könnte, dass die anderen doch recht hatten und ich dann ohne Job und ohne Studium dastünde. Die Angst wurde immer stärker. Während dieser Zeit jagte ich von einem Termin zum nächsten, war ständig auf irgendwelchen Events, bei denen ich mich immer öfter fehl am Platz fühlte. Ich war überzeugt, dass das zum Erfolg gehörte. Aber ich fing auch an, mich zu fragen, ob das stimmte. Und wenn ja, warum ich nicht glücklich war. Wieder kamen Schuldgefühle in mir auf: »Warum bist du nicht zufrieden, wieso bist du so undankbar?« »Du hast einen tollen Job, bei dem du gut verdienst und viel erlebst, du hast einen wunderbaren Freund, eine schöne Wohnung und bist unabhängig. Was willst du denn noch?«

Diese Fragen ließen mich nicht los, aber ich versuchte, sie zu verdrängen, indem ich rund um die Uhr arbeitete und mehr Jobs annahm, als ich überhaupt stemmen konnte – aus Angst, der Traum könnte sonst zerplatzen. Ich kann mich noch gut erinnern, dass ich von Events nach Hause kam, ins Bett kroch und mir die Bettdecke über den Kopf zog. Immer wieder hörte ich diese Stimme, die flüsterte: »Da ist mehr. Da ist irgendetwas. Schau doch mal nach rechts und nach links, lass die Dinge los, die dir Energie ziehen, und suche nach denen, die dir Energie bringen. Da ist noch mehr.« Ich versuchte, diese Stimme von mir wegzuschieben. Zu groß waren die Schuldgefühle, die Scham und die Angst. Doch, unsere innere Stimme zu ignorieren hat Folgen.

Innen und Außen im Widerspruch

Im Innen war ich damals eine ganz andere Person als im Außen. Ich erkannte mich selbst nicht mehr, wenn ich in den Spiegel sah. Ich war aber der festen Überzeugung, um erfolgreich zu sein, dürfte ich nicht auf meine Gefühle hören, sondern müsste mich an eine vorgegebene Logik halten, die lautete: »Du musst hart arbeiten und tough sein, um erfolgreich zu sein.« Ich habe so viele Teile von mir selbst unterdrückt, meine Sensibilität, meine leise Seele, meinen Wunsch nach Tiefe und Zwischenmenschlichkeit. Im Außen ging ich auf schicke Events, trug High Heels und Designertaschen und versuchte währenddessen eigentlich nur eines: nicht unsicher zu wirken und zu überspielen, dass ich wahnsinnige Angst hatte, irgendjemand würde merken, dass ich eigentlich gar nicht dort hingehörte.

Abseits dieses Lebens verbrachte ich meine Nachmittage auf dem Sofa, las ein Buch nach dem anderen, kochte leidenschaftlich gerne mit meinem Freund, träumte von zukünftigen Reisen und Abenteuern, war bei meiner Familie, spielte Brettspiele und schrieb Texte und Gedichte. Das passte allerdings absolut nicht in die Welt, die ich mir nach außen erschaffen hatte und von der mein Lebensunterhalt abhängig war.

Eine Weile ging das mehr oder weniger gut. Doch dann kam ein Tiefpunkt. Ich hatte schon in meiner Jugend mit Depressionen zu kämpfen gehabt. Und plötzlich waren sie wieder da. Wobei »plötzlich« relativ ist, denn heute sehe ich, dass sie sich schon lange vorher angekündigt hatten, ich aber weggesehen habe. Ich kam morgens kaum aus dem Bett, fühlte mich oft wie betäubt, und immer wieder war da die große Frage in meinem Kopf: »Was mache ich hier, wer bin ich eigentlich?« Diese Phase hielt lange an, länger, als es sonst der Fall gewesen war. Ich fühlte mich mir selbst so fremd, und mir wurde klar, dass ich so nicht weitermachen konnte, dass auch meine Beziehung und meine Freundschaften darunter litten. Ich wollte nicht mehr unglücklich aufwachen.

Der Beginn meiner Reise

Der kleine Buchladen

Einige Monate später, an einem wunderschönen Herbsttag, lief ich durch meinen Kiez in Berlin. Ich bog in eine Straße, durch die ich vorher nie gegangen war. Ich entdeckte einen Buchladen und fühlte mich wie magnetisch angezogen. In der nächsten Stunde verlor ich mich in Büchern. Dort lag auch das Buch von Gabrielle Bernstein: *Das Universum steht hinter dir. Wie wir Angst in Vertrauen verwandeln.* Ich war ein bisschen skeptisch, habe es aber trotzdem mitgenommen. Dann saß ich in meinem Lesesessel im Wohnzimmer und konnte es nicht mehr weglegen. Die Geschichte, die die Autorin erzählte, passte so haargenau auf meine Situation, dass es schon fast unheimlich war. Ich fühlte mich gehört, gesehen, verstanden. Und immer wieder erwähnte sie, wie

Meditation ihr Leben gerettet hatte. Zwar war mir das Thema nicht ganz fremd, denn meine Mutter praktizierte seit Jahren Meditation. Ich hatte aber noch nie selbst meditiert. Doch an diesem Punkt in meinem Leben war ich so verzweifelt, dass ich bereit war, sehr viel zu tun, nur um den Zustand dieses ständigen Unglücklichseins zu ändern. Seit diesem Tag meditierte ich jeden Morgen und jeden Abend 30 Minuten lang – und das war für mich der Anfang von allem.

Langsam, aber sicher fand ich wieder Zugang zu mir, meinem wahren Ich, dem Teil, den ich so lange unterdrückt hatte. Dem Teil, der am Strand in Rio saß und in das Notizbuch schrieb. Ich spürte das erste Mal ganz bewusst die Kraft meiner Gedanken. Ich erkannte, dass ich nicht abhängig bin von den Umständen in meinem Leben, sondern dass ich es selbst bin, die mein Leben kreiert. Ich wusste, dass ich in die volle Selbstverantwortung gehen musste, um mein Leben wirklich zu ändern und meine Power zurückzuholen. Ich wusste, ich musste alle Ausreden fallen lassen, und ich wusste auch, dass das nicht einfach werden würde.

Meditation, Bücher, Rituale und Journaling wurden zu meiner täglichen Routine und halfen mir, Licht am Ende des Tunnels zu sehen. Diese Themen entfachten eine neue Leidenschaft in mir, und zu meiner Überraschung machte sich das auch im Außen bemerkbar. Immer mehr Freunde oder Familienmitglieder sagten mir, dass ich auf einmal so eine innere Ruhe und Zufriedenheit ausstrahlte.

Ich begann kurzerhand eine Ausbildung zur Achtsamkeits- und Meditationstrainerin in München – zunächst eigentlich mehr für mich selbst. Gleichzeitig schrieb ich aber auch auf meinem Blog mehr und mehr über diese Themen, über Achtsamkeit, über Bewusstseinserweiterung, über Selbstliebe. Mich damit zu beschäftigen, hatte bei mir so viel verändert. Das wollte ich unbedingt weitergeben, wollte darüber sprechen und schreiben. Ich hatte ein überwältigendes Bedürfnis, anderen zu zeigen, dass auch sie ihren Weg, ihre Formel, ihre innere Stimme finden könnten. Und an den Reaktionen auf dem Blog, aber auch in meinem Freundeskreis merkte ich, dass ich auch andere für diese Themen begeistern konnte.

Als ich meine Intuition, meine innere Stimme, immer deutlicher spürte und ihr vertraute, begann eine magische Reise für mich. Ich traf meine Entscheidungen von nun an gemeinsam mit ihr. Natürlich hatte ich noch Angst, und natürlich waren da auch immer wieder Selbstzweifel, aber ich wusste, ich durfte vertrauen und loslassen, denn: »Im Loslassen liegen die Flügel der Freiheit.«

Wenn wir anfangen, unsere Entscheidungen mit unserer Intuition zu treffen, begegnen uns genau die Erfahrungen, die wir brauchen, um zu wachsen, und die uns auf unseren Herzensweg bringen.

Träume groß!

Ich muss schmunzeln, wenn ich dran denke, dass ich früher dachte, ich würde irgendwann einmal in einem Verlag oder bei einer Zeitschrift ganz leise an meinem Schreibtisch vor mich hin arbeiten, versteckt und unauffällig. Ich war tief in mir davon überzeugt, dass ich nicht für eine erfolgreiche Karriere gemacht sei. Denn ich fühlte mich nicht intelligent genug, zu schüchtern, zu leise und zu sensibel. Erfolg, das glaubte ich, könnten nur Leute haben, die selbstbewusst und klug sind und Talent haben, die sich durchsetzen können. Diese Denkmuster begegnen mir heute häufig bei meinen Coaching-Klient*innen oder Teilnehmer*innen aus der *Mindful Me Academy*. Sie haben schon so viele Träume gekostet! Dabei gibt es viele Arten von Erfolg, und für jeden Menschen bedeutet Erfolg etwas anderes.

Es bricht mir immer wieder das Herz, dass wir klein träumen, weil wir uns an dem orientieren, was üblich ist, was wir kennen – aus unserem Umfeld, aus Erzählungen oder den Medien. Das Leben, das ich jetzt lebe, ist nicht in einer konstanten Linie entstanden. Es gab das Auf und Ab und Neuanfänge. Ich hätte mir nicht mal in meinen wildesten Träumen vorstellen können, dass ich irgendwann mal auf Bali leben würde, ortsunabhängig arbeiten könnte und es mein Job sein würde, Frauen auf ihrem Weg zu einem erfüllten, intuitiven und außergewöhnlichen Leben an die Hand zu nehmen. Ich habe auf meinem Weg gelernt, dass einer meiner wichtigsten Werte Freiheit ist. Genau daran habe ich mein Leben angepasst – genau so lebe ich heute –, nicht in meinen Träumen, sondern im wahren Leben, meinem Leben.

Als ich mein Vision Board 2018 gestaltet habe, bastelte ich mir ein Buchcover mit einem Bild von mir. Darunter stand: »Ein eigenes Buch schreiben – Juni 2020 Buchvertrag unterschreiben«. 2018 war ich übrigens noch sehr weit weg von dem, was ich heute tue, und wusste nicht einmal, worüber ich dieses Buch schreiben wollte. Ich hatte bis heute völlig vergessen, dass ich sogar ein Datum hinter meinen Wunsch gesetzt hatte. Aber was soll ich sagen: Das Universum wusste das alles schon ganz genau, denn Ende Mai 2020 landete die Anfrage von Droemer Knaur in meinem Postfach – und hier sitze ich nun und schreibe diese Zeilen und kann selbst nicht glauben, auf welchen Wegen das Universum arbeitet.

All das ist kein Zufall. Diese Situationen erlebe ich täglich durch meine Klient*innen, durch meine Kursteilnehmer*innen, in meinem Leben und dem Leben der Menschen, die mich umgeben.

Genau, wie es eben auch kein Zufall ist, dass du jetzt dieses Buch in den Händen hältst – du erinnerst dich? Es ist das Flüstern deiner inneren Stimme, das dir dies ermöglicht hat. Es würde mich wahnsinnig freuen, wenn dieses Buch oder auch nur Teile davon deiner inneren Stimme helfen, so laut zu rufen, dass du sie gar nicht mehr überhören kannst. Denn das ist der Moment, in dem dein Leben eine magische Wendung nimmt.

Glaubenssätze finden auf der Reise zum Inneren Kind

Glaubenssätze, und wie sie entstehen

Glaubenssätze sind Überzeugungen, die tief in unserem Unterbewusstsein verankert sind, die wir für wahr halten und durch die wir die Welt um uns herum und auch uns selbst wahrnehmen. Sie sind wie ein individueller Filter, durch den wir sehen und bewerten.

Prinzipiell können Glaubenssätze positiv oder negativ sein. Wir alle tragen positive und weniger positive Glaubenssätze in uns. Da ich persönlich aber ungern den Begriff »negativ« verwende, spreche ich vor allem von limitierenden Glaubenssätzen. Wir Menschen haben von Natur aus eine Negativtendenz, daher sind insbesondere unsere limitierenden Glaubenssätze sehr eingeprägt. Sie sind es, die uns daran hindern, ein Leben als der Mensch zu führen, der wir wirklich sind. Limitierende Glaubenssätze halten uns davon ab, unser ganzes Potenzial auszuschöpfen, Selbstvertrauen zu haben oder aus unserer Komfortzone zu gehen.

Der Großteil unserer Glaubenssätze hat ihren Ursprung in unserer Kindheit, und dafür gibt es eine ganz einfache Erklärung: Wenn wir das Licht der Welt erblicken, ist unser Gehirn noch lange nicht vollständig ausgeprägt. Wir kommen mit einem weit geöffneten Unterbewusstsein auf die Welt, haben allerdings noch kein eigenes Bewusstsein. Wir werden zwar mit Überlebensinstinkten geboren, sodass wir uns bemerkbar machen können, wenn uns etwas wehtut, wenn wir Hunger oder Durst haben oder es uns nicht gut geht, aber, da es uns an Lebenserfahrung fehlt, können wir Situationen nicht einschätzen oder selbstständig Zusammenhänge erkennen.

Wir leben, bis wir etwa sieben Jahre alt sind, fast vollständig in unserem Unterbewusstsein. Das hat das Universum natürlich nicht ohne

Grund so eingerichtet, denn dadurch saugen wir alles auf wie ein Schwamm und lernen dementsprechend schnell. Wir imitieren unser Umfeld und lernen dadurch zum Beispiel zu sprechen, zu gestikulieren und uns mit unserer Mimik auszudrücken. Außerdem natürlich auch, wie wir uns bewegen müssen, um etwas zu erreichen – beispielsweise Nahrung. Die Mimik und Gestik, die dich heute ausmacht, haben sich bereits in deiner Kindheit entwickelt und sich aus der Mimik und Gestik, die du als Erstes bei anderen Menschen wirklich wahrgenommen und dann imitiert hast, entwickelt.

Durch unsere fehlende Lebenserfahrung und unser gleichzeitig weit geöffnetes Unterbewusstsein nehmen wir alles um uns herum sehr ungefiltert wahr. Und so können sich eben auch Glaubenssätze bilden, die von außen kommen, aber nicht wahr sind, nichts über uns aussagen, weil sie gar nicht zu uns gehören, sondern zu den Menschen in unserem Umfeld.

Klassiker unter den limitierenden Glaubenssätzen sind: »Du bist nicht genug.« »Du bist noch nicht gut genug.« »Das ist unmöglich!« »Du musst dich anstrengen.« Solche Sätze kennt jeder von uns.

Klassische positive oder auch stärkende Glaubenssätze wären: »Ich bin genauso in Ordnung, wie ich bin.« »Ich kann … richtig gut.«
Obwohl wir im Erwachsenenalter häufig längst vergessen haben, wie unsere Glaubenssätze entstanden sind, sind sie uns dennoch treu. Limitierende Glaubenssätze äußern sich dabei häufig in Ängsten, deren Ursache wir nicht verstehen, da uns die dazugehörige bewusste Erinnerung fehlt. Doch die von ihnen verursachten Ängste blockieren uns auf dem Weg zu unserem wirklichen Ich. Sie sind ein Hindernis auf unserem Herzensweg. Wir können sie überwinden, doch dazu müssen wir sie identifizieren.

Der erste Schritt: Glaubenssätze identifizieren

Um die eigenen Glaubenssätze zu identifizieren, ist es nicht nur wichtig, ehrlich mit sich selbst zu sein und die eigenen Denkmuster und Verhaltensweisen bewusst wahrzunehmen und zu reflektieren. So können wir Muster erkennen, die sich in unserem Leben ständig wiederholen.

Sobald wir unsere Glaubenssätze identifizieren, haben wir die Chance, sie zu transformieren und damit unsere eigene Wahrnehmung zu verändern. Unsere Glaubenssätze sind allerdings tief in uns verwurzelt, sodass es eine intensive Suche sein kann, bis wir ihren Ursprung erkennen. Wenn die Suche aber gelingt, kann das wirklich alles verändern.

Ich kann dir an meinem Beispiel dieses Thema und ein paar dazugehörige Gedanken besser beschreiben.

Warum ich geglaubt habe, nicht genug zu sein

Als ich angefangen habe, mich mit den Themen Achtsamkeit und Persönlichkeitsentwicklung zu beschäftigen, wurden Glaubenssätze schnell zu einem zentralen Begriff für mich, weil sie einfach DER Dreh- und Angelpunkt und die Erklärung von sehr vielem sind. Mich hat seit meiner Kindheit ein sehr mächtiger Glaubenssatz bestimmt: »Ich liebe andere Menschen immer mehr, als sie mich lieben«, auch in der Version: »Ich werde nicht so geliebt, wie ich andere Menschen liebe«. Diese Gedanken fanden vor allem in meinem Unterbewusstsein statt, kamen aber immer wieder in meinen zwischenmenschlichen Beziehungen zum Vorschein.

Tief in mir hielt ich es für eine Wahrheit, dass ich darum kämpfen müsste, geliebt zu werden, dass ich »gut« sein müsste und mich anstrengen müsste, damit niemandem auffallen würde, dass ich eigentlich nicht gut genug bin, nicht wertvoll bin, nicht dazugehörte.

Ich lebte in der ständigen Angst, zurückgewiesen und verlassen zu werden, und zog damit die Menschen an, die genau dies taten (siehe auch Kapitel »Gesetz der Anziehung«). Ein fataler, anstrengender Kreislauf, an den ich mich aber leider schon gewöhnt hatte und der für mich einfach zum Leben dazugehörte.

Da wir Menschen Gewohnheitstiere sind, können Gedanken zur Gewohnheit werden. Wenn wir aufhören, wiederkehrende Gedanken zu hinterfragen, werden diese zu Glaubenssätzen.

Die Angst, verlassen zu werden, ist in deinem Kopf real

Verlassensängste, die meist auf Glaubenssätzen beruhen wie den meinen, sind tatsächlich bei sehr vielen Menschen tief verankert. Die Angst, verlassen zu werden, ist eine ganz besondere Form der Angst, die einem bis ins Mark gehen kann. Für uns Menschen als soziale Wesen verliert das Leben an Sinn, wenn wir keine Beziehungen haben. Wenn wir uns fühlen, als hätten wir keinen Platz auf dieser Welt, wenn wir keine Zugehörigkeit und keine Verbundenheit spüren.

Menschen, die unter Verlassensängsten leiden, stellen sich häufig Horrorszenarien von Trennung bis Tod vor. Und diese durchleben sie dann auch emotional. Denn unser Unterbewusstsein kann nicht unterscheiden, ob etwas gerade in Wirklichkeit passiert oder nur Kopfkino ist. Dementsprechend löst es auch körperliche Reaktionen wie Stress und Verkrampfung bis hin zu Panikattacken aus. Ich wurde mir irgendwann bewusst, dass ich so nicht weiterleben konnte und dass ich müde war von diesem ständigen Kreislauf aus schmerzhaften Gefühlen, Ängsten und Gedanken. Ich versuchte, mich meiner Angst zu nähern, und zerbrach mir den Kopf, woher sie kam, wie und wann sie entstanden war.

Lange Zeit habe ich auch versucht, mit meiner Angst zu arbeiten, mich immer wieder daran zu erinnern, dass sie nur in meinem Kopf existierte. Und auch wenn ich einige Taktiken beherrschte, die mir in brenzligen Situationen halfen: Die Angst war da, sie schien ein fester Teil meines Lebens zu sein.

Innerer Widerstand

Einige Jahre später, als ich begann, mich intensiver mit Glaubenssätzen und dem Inneren Kind zu beschäftigen, waren meine ersten Gedanken – denen ich heute oft auch bei den Teilnehmer*innen in meinen Workshops begegne:

»Das brauche ich nicht.«
   »Damit kann ich nichts anfangen.«
   »Ich kann mich sowieso nicht detailliert an meine Kindheit erinnern.«

Aber ich litt weiter unter meiner Angst, und die Frage nach meinen Glaubenssätzen und meinem Inneren Kind wollte mir nicht aus dem Kopf gehen. So ließ ich mich doch darauf ein, auch wenn mein Ego sich mit allen Mitteln zu wehren versuchte, denn es wusste oder ahnte zumindest bereits, was es erwartete: Schmerz. Und den will unser Ego auf jeden Fall verhindern.
   Ich bin heute sehr dankbar, dass ich dem inneren Ruf meiner Intuition gefolgt bin und nicht meinem Ego. Ohne diesen Schritt wäre ich nicht dort, wo ich heute bin. Deshalb gehen wir auf dieses so wichtige Thema »Intuition – innere Stimme« später noch einmal ausführlich ein.

Erlösung und ein neuer unendlicher Weg

Die Arbeit mit dem Inneren Kind war für mich ein unverhoffter Befreiungsschlag und der Beginn einer neuen Beziehung zu mir selbst. Der Anfang von Heilung und einem neuen Bewusstsein – ja, ich würde sogar sagen: der Beginn eines neuen Lebens. Vielleicht spürst du gerade denselben inneren Widerstand, den ich damals gespürt habe. Oder du hast dich vielleicht schon viel mit deinem Inneren Kind beschäftigt und denkst, dass das Thema durch ist? Werde dir bewusst: Dein Inneres Kind ist ein Stück Unendlichkeit. Es wird dich dein ganzes Leben lang begleiten. Je tiefer du gehst, desto mehr entdeckst du. Je tiefer du gehst, desto mehr heilst du. Je tiefer du gehst, desto mehr und immer wieder Neues lernst du über dich.

Das Innere Kind und seine Glaubenssätze

Warum die Arbeit mit dem Inneren Kind so wichtig ist

Wie du auf den letzten Seiten gelesen hast, sind unsere Glaubenssätze und unsere Kindheit direkt miteinander verbunden. Unsere Glaubenssätze aufzulösen bedeutet, dass wir unser Inneres Kind heilen.

Der Begriff »Inneres Kind« wurde das erste Mal von dem verstorbenen Psychiater Carl Gustav Jung verwendet. Er wird auch sehr häufig in der Psychotherapie verwendet. Aus dieser Sicht ist unser Inneres Kind einfach ein Teil unseres Gehirns, in dem alles aus unserer Kindheit gespeichert ist, was uns geprägt hat. Es ist ein Teil unserer Persönlichkeit, das in unserem Unterbewusstsein lebt, dessen wir uns aber nicht wirklich bewusst sind.

Doch unser Inneres Kind hat nicht nur eine wissenschaftliche Komponente, sondern auch eine spirituelle und energetische. Auf diesen Ebenen ist unser Inneres Kind der Teil in uns, der verspielt ist, der wortwörtlich kindlich ist, der die Welt immer noch mit neuen, frischen und strahlenden Augen betrachtet. Es ist der Teil, der seine Freude und Begeisterung nicht zurückhält und der den Moment genießt und vollkommen auskostet, der Teil, der vor allem mit den Sinnen wahrnimmt und nicht nur mit dem Verstand.

Wir alle tragen Wunden aus unserer Kindheit in uns. Sie können von einschneidenden Traumata oder »gewöhnlichen« Verletzungen unserer Gefühle, unseres Wesens stammen. Darüber zu sprechen und einen Zugang zu diesem Thema zu finden, ist nicht leicht, da wir oft das Gefühl haben, damit alleine zu sein. Aber du bist auf diesem Weg ganz und gar nicht alleine. Auf deine Wunden zu sehen und nach Heilung zu suchen, bringt nicht nur dir Stärke – sondern auch den Menschen, die du liebst, deinem Umfeld, deiner Welt.

Unser Inneres Kind zu heilen, bedeutet, dass wir in uns selbst einen Raum von Geborgenheit, Sicherheit und Liebe öffnen, den unser jüngeres Ich gebraucht hätte. Wir schaffen eine Umgebung in uns selbst, in der unsere Persönlichkeit zum Leuchten kommt, in der wir uns so annehmen, wie wir sind – und immer waren, bevor wir krampfhaft versucht haben, uns der Welt im Außen anzupassen. In diesem Raum haben wir die Möglichkeit, aufzublühen, Scham und Schuldgefühle zu heilen, toxische Verhaltensweisen loszulassen und unser Selbstvertrauen zu stärken.

Das Fundament unseres Lebens

Unser Inneres Kind ist das Fundament unseres Lebens, unseres Unterbewusstseins, unserer Wahrnehmung und aller Energiezentren, die sich in unserem Körper befinden. Bevor wir also an einem dieser Bereiche arbeiten können, müssen wir zuerst die Probleme im Fundament betrachten. Denn ein Haus mit »Fehlern« im Fundament ist einsturzgefährdet.

Ich habe es weiter oben schon geschildert. Wir sind nach unserer Geburt lange auf Menschen in unserem Umfeld angewiesen. Wir sind nicht alleine überlebensfähig wie beispielsweise Reptilien, die aus ihrem Ei schlüpfen und auf sich allein gestellt quietschfidel und alltagstauglich sind. Wir sind darauf angewiesen, von unserer Umgebung zu lernen. Wir hinterfragen nicht, wir bewerten nicht – wir nehmen einfach nur auf und speichern das Aufgenommene in unserem Unterbewusstsein. Dementsprechend wichtig ist das, was uns in dieser Zeit umgibt, sowohl physisch (Wo lebe ich? Wie lebe ich? Wer umgibt mich?) als auch energetisch (Welche Arten von Personen umgeben mich? Wie gehen diese Personen mit mir um? Wie wird kommuniziert. Wie fühle ich mich?).

Wir erfahren in diesem Umfeld der ersten Jahre, was Liebe und Zuneigung bedeuten und wie sie sich äußern. Wenn unser Umfeld also liebevoll mit uns umgeht, wir Zärtlichkeit erleben, in den Arm genommen werden, speichern wir das als Liebe ab. Hatten wir als Kind aber wenig physischen Kontakt mit anderen Menschen, bekommen wir ein ganz anderes Bild von Liebe.

In dieser Zeit entstehen also wichtige, unser ganzes Leben bestimmende Einstellungen, weshalb auch die Heilung und das Hinterfragen unseres Fundaments so eine unglaubliche Kraft hat und eine riesige Chance für uns ist.

Die Reise zum Inneren Kind

Wir können die Vergangenheit nicht ändern. Was wir aber ändern können, ist unsere persönliche Bewertung und Wahrnehmung der Vergangenheit. Indem wir diesen Schritt zurückgehen, machen wir uns selbst den Weg nach vorne frei und wecken schlummerndes Potenzial.

In der *Mindful Me Academy,* meinem Online-Kurs, gibt es ein ganzes Modul zum Thema Inneres Kind, das den Rahmen des Buches hier sprengen würde. Eine der Aufgaben bzw. Übungen des Kurses kannst du aber auch für dich selbst einmal versuchen:

Erinnere dich

Diese Übung hilft dir dabei, dich an Ereignisse in deiner Kindheit zu erinnern und daran, wie du wie dich dabei gefühlt hast.

Und so kannst du vorgehen

1. Gehe von deinem ersten zu deinem siebten Lebensjahr und schreibe alles auf, was dir zu den einzelnen Jahren einfällt. Falls du das Gefühl hast, dich an nichts erinnern zu können, beginne ganz pragmatisch: Als ich geboren wurde, haben wir da und da gewohnt. Als ich drei war, haben wir an diesem Ort gewohnt, in einer Wohnung oder einem Haus. Und dort bin ich in den Kindergarten gegangen. Das war meine Lehrerin, als ich sechs Jahre alt war.

2. Gehe alte Familienalben durch, wenn möglich mit deiner Familie. Normalerweise ist die frühe Kindheit weit hinten in unserem Gedächtnis vergraben. Umso faszinierender ist es, wenn du dich plötzlich wieder erinnern kannst, sobald du dich darauf konzentrierst.

3. Befrage deine Familie. Eltern, Großeltern und Geschwister haben natürlich oft eine viel klarere Erinnerung und auch ganz andere Erinnerungen an die Zeit, in der du noch ein Baby oder Kleinkind warst. Oft erzählen Teilnehmer*innen aus dem Modul zum Inneren Kind, dass aus der Übung heilsame Gespräche mit ihren Familien entstanden sind.

Ebenen, die nach und nach sichtbar werden

Ich arbeite nun schon seit vielen Jahren mit meinem Inneren Kind, mal mehr und mal weniger intensiv. In den ersten zwei Jahren habe ich in dieser Arbeit ein sehr großes Thema für mich aufgelöst, von dem ich dir noch erzählen werde. Ich dachte also, dass es das war, was geheilt werden durfte, und dass dieses Thema nun für mich abgeschlossen sei. So lange, bis ich entdeckt habe, welches Potenzial in unserem Inneren Kind steckt und wie tief diese Emotionen in unserem Unterbewusstsein vergraben sind. Und so stoße ich auch heute noch auf Dinge, die so tief in mir liegen, dass sie erst einmal Vorarbeit benötigen. Verschiedene Ebenen, die nach und nach sichtbar werden, wenn wir an dem Punkt angekommen sind, an dem wir bereit sind hinzusehen.

Auch in meinen *Inner Child Energy Healing Sessions* merke ich, wie meine Klient*innen erst eine Ebene durchbrechen müssen, um zu verstehen und zu akzeptieren. Bis sie dann schließlich auf die Ebene kommen, auf der der wirkliche Glaubenssatz liegt. Denn in 99 Prozent der Fälle ist der Auslöser nicht das, was wir auf den ersten Blick dafür halten. Das ist meist nur eine logische Schlussfolgerung unseres Gehirns, unseres Verstandes. Es ist daher oft nur ein Kratzen an der Oberfläche. Wenn du wagst, tiefer zu gehen, wirst du in all der Dunkelheit das Licht finden, das endlich die Schatten erleuchten kann, die dieser Glaubenssatz in deinem Leben verursacht hat.

Das Innere Kind ist nicht logisch

Um tiefer zu gehen, musst du allerdings ins Fühlen kommen. Denn unser Inneres Kind ist nicht logisch. Es hinterfragt nicht, es versteht keine Zusammenhänge, es nimmt alles einfach nur auf. Deswegen lässt sich unser Inneres Kind nicht verstehen, sondern nur (er-)fühlen.

Die Arbeit mit dem Inneren Kind erscheint anfangs schwierig. Wenn wir als Erwachsene mit unserem heutigen Mindset und den Erfahrungen, die wir gesammelt haben, in unsere Kindheit zurückgehen, bewerten wir die Situationen von damals natürlich anders. Um aber mit dem Inneren Kind arbeiten zu können, müssen wir nicht nur in die Zeit unserer Kindheit zurückgehen, sondern auch durch die Augen unseres Inneren Kindes sehen und fühlen. Nur dann können wir diese Verletzungen und die darauf aufbauenden Glaubenssätze wirklich verstehen.

Nicht nur Traumata verletzen das Innere Kind

Natürlich können traumatische Erlebnisse Grundlage für einen Glaubenssatz werden, der sich verfestigt. Aber auch sich wiederholende, scheinbar alltägliche Erlebnisse, Aussagen und Verhaltensweisen anderer uns gegenüber können Glaubenssätze begründen.

Ich möchte dir von zwei Beispielen aus meinem Leben erzählen – von einem einschneidenden, traumatischen Erlebnis in meiner Kindheit und einer scheinbar alltäglichen und banalen Begebenheit. Beide haben bei mir zu Glaubenssätzen geführt.

Wie die Angst, verlassen zu werden, in mir entstanden ist

Als ich sechs Jahre alt war, versuchte eine Person aus meiner Familie, die mir sehr nahestand, sich das Leben zu nehmen. Du verstehst sicher, dass ich hier in der Öffentlichkeit eines Buches diesen Menschen schützen möchte und daher nicht auf die Person und die Details der Umstände eingehe. Was aber für die Entstehung meiner Glaubenssätze und meiner Verlustängste entscheidend ist, möchte ich dir hier schildern.

Keinen Tag meiner Kindheit habe ich so klar und so lebhaft vor Augen wie diesen. Doch als Kind verstand ich das Wort Selbstmord nicht. Ich konnte es nicht greifen, keine Verbindung zu dem herstellen, was an diesem Tag passiert war. Ich wollte nicht ohne diese Person sein, und es kamen Fragen in mir auf, auf die ich lange Zeit – Jahrzehnte – keine

Antworten hatte: »Warum wollte diese Person von mir gehen?« »Wieso wollte sie mich alleine lassen?« »Hatte sie mich nicht mehr lieb?« »Hatte ich etwas falsch gemacht?«

Die Entfernung von den eigenen Emotionen

Im Laufe der Zeit entfernte ich mich immer mehr von den Emotionen, die mit diesen unbeantworteten Fragen zusammenhingen, versuchte, die Erinnerungen weit von mir zu schieben und zu vergessen. Gleichzeitig hatte ich Schuldgefühle, ich fühlte mich dadurch wie eine schlechte oder kalte Person. Heute weiß ich, dass das Wegschieben ein Schutzmechanismus war, als Sechsjährige verstand ich das noch nicht. Mein Unterbewusstsein hatte in den Überlebensmodus geschaltet, hatte dieses schmerzhafte Trauma in die allerletzte Schublade gepackt, damit ich es nie wieder durchleben müsste. Doch unsere Emotionen lösen sich nicht auf, wenn wir sie verdrängen. Im Gegenteil, sie werden größer, stärker und beginnen, uns zu kontrollieren.

So ging es mir mit Anfang zwanzig. Verstehen konnte ich es allerdings erst, als ich meinem Inneren Kind begegnet bin: dem kleinen Mädchen, das erlebte, wie ein ihm wichtiger Mensch sich das Leben nehmen wollte, und sich eben diese Fragen stellte, auf die es noch immer keine Antwort gefunden hatte. Mit diesem einschneidenden Erlebnis manifestierte sich in meinem Unterbewusstsein der Glaubenssatz: »Ich liebe andere mehr, als sie mich lieben.«

Aus heutiger Sicht erscheint mir die Verbindung zwischen diesem Ereignis und meinem Glaubenssatz ganz logisch. Dennoch brauchte ich lange, um sie zu erkennen. Und es brauchte viel innere Arbeit, um sie zu heilen. Denn ich sah das alles nicht aus der Perspektive der sechsjährigen Valerie, sondern nur in der Erinnerung einer Erwachsenen.

Jetzt, als erwachsene Frau, weiß ich, dass dieser Mensch, den ich nicht verlieren wollte, damals selbst ein verletztes Inneres Kind in sich trug, erfüllt mit Schmerz und unerträglichen Schuldgefühlen. Dafür empfinde ich großes Mitgefühl. Darüber zu sprechen, war schließlich ein großer Teil meiner Heilung. Bis zu diesem Zeitpunkt hatte ich all diese Glaubenssätze, die mir versicherten, dass ich nicht gut genug sei, um geliebt zu werden, mit mir herumgetragen – in allen Freundschaften und Beziehungen, und viele davon sind genau daran gescheitert. Ich trauere nicht darum, denn ich weiß, es waren Stationen auf meiner Reise, die mich auch dazu geführt haben, zum richtigen Zeitpunkt mit dieser inneren Arbeit zu beginnen.

Das Universum liefert uns immer wieder die gleichen Situationen in verschiedenen Ausführungen, bis wir sie eines Tages anfassen und lösen.

Die ganz alltägliche Verwundung

Mein zweites persönliches Beispiel zeigt, dass Verwundungen des Inneren Kindes auch durch Alltägliches entstehen können. Mein erstes Zeugnis in der Grundschule bestand nicht aus Noten, sondern aus einem Text. In diesem Zeugnis stand, dass ich mit Freude und viel Fantasie Geschichten schreiben würde, dass ich mich gerne im Sportunterricht bewegte und hilfsbereit anderen Mitschüler*innen gegenüber sei. Außerdem schrieb die Lehrerin: »Valerie hat Schwierigkeiten in Mathematik und braucht länger als ihre Mitschüler*innen, um die Aufgaben zu lösen.«

»Gut, nicht sonderlich schlimm«, würde mein Erwachsenen-Ich nun sagen. Doch ich weiß – und deswegen ist es mir so klar im Gedächtnis geblieben –, dass dieses Zeugnis große Scham in mir auslöste. Es ging vor allem um den Satzteil: »sie braucht länger als ihre Mitschüler*innen«. Mir, dem Grundschulkind, sagte dieser Satz: »Ich bin anders.« »Ich bin nicht so schlau wie die anderen.« »Ich bin am falschen Platz.« »Ich schäme mich, ich habe Angst, etwas Falsches zu sagen.«

Dieser Glaubenssatz zog sich durch meine komplette Schullaufbahn und weiter. Kurz darauf zogen wir nach Brasilien. Als ich dort in der Grundschule auch noch eine neue Sprache lernen musste, wurden der Druck und die Scham in mir so groß, dass ich morgens meine Mama weinend anbettelte, nicht in die Schule zu müssen. Und auch im Erwachsenenalter schuf er so viele Triggerpunkte, dass ich oft Angst hatte, etwas zu sagen, aus Furcht, ausgelacht oder als »dumm« (Ich brauche länger als andere.) bezeichnet zu werden.

Natürlich ist das nicht logisch, aber wie gesagt: Unser Inneres Kind denkt nicht logisch. Es fühlt und nimmt wahr. Du siehst: Es handelte sich hier um ein scheinbar banales Ereignis, das aber aus der Perspektive eines Kindes mit großen Emotionen verbunden war.

Glaubenssätze sind nicht die Wahrheit

Ich würde lügen, wenn ich behaupte, meine Glaubenssätze hätten sich inzwischen in Luft aufgelöst. Ehrlich gesagt: Ich glaube nicht daran, dass wir Glaubenssätze einfach ausradieren können. Aber ich weiß, dass wir unser Bewusstsein so erweitern können, dass wir Glaubenssätze nicht mehr als wahr einstufen – und sie damit nicht mehr unser Leben bestimmen lassen. Durch die Arbeit mit dem Inneren Kind und unseren Glaubenssätzen ändern wir also nicht die Glaubenssätze, sondern wir verändern zunächst und vor allem unsere Reaktion auf die Trigger, auf die die Glaubenssätze anspringen.

Wenn in mir der Glaubenssatz »Ich liebe immer mehr, als andere mich lieben« getriggert wird, ist das für mich nicht mehr der Auslöser dafür, mich klein zu fühlen. Im Gegenteil, es ist der Trigger, der mich sofort mit der Arbeit mit meinem Inneren Kind verbindet und mit dem Bewusstsein: »Das ist ein Glaubenssatz, er ist nicht die Wahrheit«.

Der einfachste Weg kann leider zu Schmerz und Leid führen

Wenn du dich mit deinen Glaubenssätzen beschäftigst, ist es sehr wahrscheinlich, dass du irgendwann Widerstand dagegen empfindest, dich mit einem bestimmten Glaubenssatz weiter auseinanderzusetzen. Das liegt daran, dass unser Unterbewusstsein wie ein loyaler Hund ist, der uns alles recht machen will. Und dass es immer den Weg des geringsten Widerstandes nimmt. Wenn wir also bestimmte Glaubenssätze haben, wollen diese immer wieder bestätigt werden: »Siehst du, hab ich dir doch gesagt, dass das so ist.« Genau deshalb suchen wir uns unterbewusst immer wieder die Situationen und Menschen aus, die unsere Glaubenssätze bestätigen. So können wir in der Opferrolle bleiben, können den Weg des geringsten Widerstandes – »war doch schon immer so« – nehmen, und unsere Welt bleibt immer so, wie sie war. Wir akzeptieren es, abhängig von unseren äußeren Lebensumständen und Ereignissen zu sein. Deswegen empfinden wir das Gefühl, das Leben würde uns einfach nur passieren, als geradezu bequem. In dieser Haltung zu bleiben, ist scheinbar der einfachste Weg, kann langfristig aber zu Schmerz und Leid führen.

Wenn du aber tiefer gehst, wirst du an den spannenden Wendepunkt kommen, an dem dir bewusst wird, was sich in deinem Leben ständig wiederholt. Was sich in so vielen deiner Handlungen manifestiert hat. Warum du immer wieder die gleichen Fehler machst – im Sinne von Dingen oder Beziehungen zu Menschen, die dir nicht guttun. Das ist kein Zufall, sondern eine Art Programmierung, die wir alle in uns haben.

Ohne Schuldzuweisung

Gerade, wenn es um die Arbeit mit dem Inneren Kind geht, höre ich oft: »Sind denn dann unsere Eltern an all unseren Problemen schuld?«

Die Antwort ist einfach: Es gibt keine Schuldfrage. Sie hat bei dieser Arbeit überhaupt nichts zu suchen. Denn sie bringt dich nicht weiter, und sie hilft dir auch nicht dabei, deine Glaubenssätze aufzulösen. Unsere Eltern haben höchstwahrscheinlich aus ihrer Sicht das Beste getan, was ihnen möglich war. Wie das bei uns ankommt beziehungsweise damals angekommen ist, wie wir solche Erlebnisse aufgenommen haben, ist eine andere Sache. Auch die Reizwahrnehmung unterscheidet sich von Kind zu Kind und spielt dabei eine große Rolle.

Auch unsere Eltern oder Bezugspersonen haben eine Kindheit und damit verbundene Glaubenssätze und Traumata, die häufig nicht aufgelöst oder aufgearbeitet wurden. Die Glaubenssätze, die wir von unseren Eltern übernehmen, sind mit großer Wahrscheinlichkeit viel tiefer in unserem Stammbaum verankert, als wir denken. Egal, wie viel innere Arbeit wir leisten, wie oft wir uns und anderen vergeben, wie viele Glaubenssätze wir identifizieren und auflösen: Es wird immer etwas von Generation zu Generation weitergegeben.

Umso wertvoller ist es, dass wir heute, als neue Generation, schon so früh Zugang zu persönlicher und spiritueller Weiterentwicklung haben und dadurch auch einiges auflösen können, was nicht zu uns gehört. Würden wir anfangen, uns in die Schuld zu vertiefen, könnten wir sie wahrscheinlich um Generationen zurückverfolgen. Doch das ist nicht hilfreich und bringt uns nicht voran. Es kann aber natürlich spannend sein, sich auf die positiven Dinge und Glaubenssätze zu fokussieren, die in unseren Familien verankert sind.

Ein anderer Punkt ist beim Thema Schuld aber wichtig. Unsere Eltern und Mitmenschen tragen oft selbst Schuldgefühle uns gegenüber in sich, die sie nicht offen kommunizieren. In Familien oder anderen langjährigen Beziehungen wird vieles verschwiegen und im Schatten gehalten – gerade, wenn es für alle schmerzhaft werden kann, sich damit zu beschäftigen. Wirft man Licht auf diese Schatten, könnten alle Beteiligten die Angst davor überwinden, diesen Gefühlen offen zu begegnen. Mehr noch: Manchmal kommt es allen wie eine Befreiung vor. So kann Platz und neuer Raum für Heilung entstehen.

Befreiung durch Kommunikation

Wenn Gespräche mit den Menschen, die an der Entstehung unserer Glaubenssätze beteiligt waren, möglich sind, können sie tatsächlich beiden Seiten sehr helfen.

Das Offenlegen und das Darübersprechen mit der Person, die sich damals das Leben nehmen wollte, hat für uns beide Dinge aufgelöst. Ich konnte diese Person an meiner Heilung so teilhaben lassen, dass sie auch einen Teil in sich heilen konnte. Einfach, indem ich vermitteln konnte: »Ich weiß, dass du das nicht gemacht hast, um mich zu verlassen.« Und ich hoffe sehr, ich konnte ihr dadurch auch wenigstens einen kleinen Teil ihrer Schuldgefühle nehmen: »Weg sind sie nicht, aber ich kann jetzt wieder ›dort hindenken‹, ohne dass es mir sofort den Atem raubt vor lauter Schuld«, ist die Aussage der betreffenden Person heute.

Glaubenssätze und unsere Gesellschaft

Ich habe ganz zu Anfang dieses Kapitels erwähnt, dass eine gewisse Negativtendenz zu unseren Urinstinkten gehört. Denn vor Jahrtausenden war es dringend notwendig, ständig auf der Hut zu sein, quasi das Schlimmste zu erwarten. Stress hat übrigens denselben Ursprung. Stressreaktionen des Körpers – Adrenalinausstoß, höherer Blutdruck, Körperspannung – haben uns geholfen, im Ernstfall schneller reagieren zu können. Weil also das Schlimmste-Annehmen und Schnell-abhauen-Können überlebensnotwendig waren, sind sie so tief in uns verwurzelt. Und dasselbe gilt leider auch für unsere Glaubenssätze.

Diese Tendenz ist natürlich auch in der Gesellschaft manifestiert. Sie wirkt wie ein Filter, durch den vor allem das Negative intensiv wahrgenommen wird. Verstärkt wird das noch durch unseren unbedingten Willen, von unserem sozialen Umfeld angenommen zu werden. Wir hören also sehr auf Kritik aus unserem Umfeld. Auch das ist in unseren Urinstinkten begründet. Wir waren früher angewiesen auf unsere Gruppe, unser Volk. Wurdest du ausgestoßen, konntest du alleine schlicht und einfach nicht überleben. Und auch wenn das evolutionär schon so lange her ist, ist der Wunsch nach Zugehörigkeit ein starker Instinkt, eines unserer größten Grundbedürfnisse. Darum ist es uns so wichtig, was andere über uns denken.

Gesellschaftliche Glaubenssätze

Unsere Gesellschaft ist stark von der maskulinen, ego-getriebenen Energie des Machens, des Erreichens, des Erfolgs geprägt. Typische gesellschaftliche Glaubenssätze lauten daher auch: »Wenn du Erfolg haben willst, musst du hart arbeiten« oder »Lern was Vernünftiges«. Sie sind als gesellschaftliches Denken dermaßen gefestigt – da spielt es gar keine Rolle mehr, woher sie genau kommen. Meist hinterfragen wir sie nicht einmal mehr, halten sie einfach für wahr. Als empathischer, sensibler Mensch versucht man sich dann, in dieses Boot des gesellschaftlichen Konsenses zu quetschen, aus Angst, sonst über Bord zu gehen. Auf dieses Thema gehe ich noch ausführlich im Kapitel über männliche und weibliche Energie ein.

Am Anfang dieses Kapitels haben wir über Erlebnisse in der Kindheit gesprochen. Glaubenssätze müssen aber nicht notwendigerweise aus einzelnen, individuellen Erlebnisse entstehen, Auslöser können auch ganz allgemeine Verhaltensweisen des Umfelds sein, in dem du als Kind gelebt hast:

»In welcher Tonlage haben unsere Eltern mit uns gesprochen?«

»Wurde in unserer Erziehung viel mit Strafe und Belohnung gearbeitet?«

»Was wurde bestraft, was gelobt?«

Wenn du etwas Gutes gemacht hast, wurdest du vielleicht gelobt, bei etwas Schlechtem bestraft.

Aber was ist eigentlich gut und was böse? Wer definiert das, und gilt das immerdar?

Natürlich gibt es bestimmte Grundsätze, ohne die unser Zusammenleben nicht funktionieren kann. Aber wie viele von diesen Grundsätzen – diesen Glaubenssätzen – sind auf eine bestimmte Gesellschaft, eine bestimmte Zeit, Trends, eine bestimmte Gruppe von Menschen beschränkt? Sind sie (immer noch) wahr? Inwiefern hat sich die Welt und die Gesellschaft, haben sich die Möglichkeiten geändert?

Der Identitätskonflikt als Chance zum Aufbruch

Gerade sensible Menschen neigen dazu, sich den Glaubenssätzen von Menschen, die sie als stärker empfinden, anzupassen. Und machen dann oft die Erfahrung: »Ich darf nicht ICH sein, sonst bekomme ich keine Anerkennung.« Dadurch verbiegen sie sich. Wenn du dich aber von deinem Kern entfernst, von der Person, die du wirklich bist, dann stimmen dein Äußeres und dein Inneres nicht mehr überein, und du wirst irgendwann in einen Identitätskonflikt kommen. Wenn du das eine sagst und das andere denkst und wiederum etwas anderes fühlst – und das womöglich über Jahre hinweg –, entsteht ein stark verunsichertes und limitiertes Selbstbild. Du wirst verbittert, denn du verleugnest dich selbst.

Vielleicht geht das so weit, bis du dir denkst: »Wieso mache ich das eigentlich? Wo ist der Sinn dahinter?« Plötzlich also kommt Sinnhaftigkeit ins Spiel. Menschen wachen auf und suchen nach dem Sinn und der Wahrhaftigkeit, und das kann der Beginn der inneren Reise sein, oder wie man auch sagt: das spirituelle Erwachen oder das Erwachen des höheren Sinns. Und damit ist vor allem die Erkenntnis gemeint: Ich bin mehr als das, was ich leiste. Ich bin mehr als das, was ich habe. Ich bin nicht auf dieser Welt, um einfach nur zu sein. Ich habe eine Aufgabe. Meine Existenz hat einen Sinn.

Verbinde dich mit deinem Inneren Kind durch Spiel und Spaß

Das Thema Inneres Kind wird aufgrund der Intensität der Arbeit mit ihm oft mit Schwere verbunden. Aber wir sollten nicht vergessen, dass es einen wichtigen Teil unseres Inneren Kindes gibt, der Spaß haben will, der spielen will. Wenn wir unserem Inneren Kind gestatten, sich auszuleben, heißt das auch, dass wir Dinge tun, nur, weil sie uns Freude bereiten, weil wir unsere Kreativität ausleben können und nicht, weil wir irgendein Ergebnis verfolgen. Je älter wir werden, desto seltener tun wir etwas einfach aus Freude an der Sache. Und wenn wir es tun, fühlen wir uns unproduktiv. Auch das ist ein gesellschaftlicher Glaubenssatz: Was nicht produktiv ist, was kein bestimmtes Ziel verfolgt, ist nutzlos. Die Fähigkeit, beispielsweise vor einer Leinwand zu sitzen und nur draufloszumalen – weil es uns Spaß macht, ohne ein Warum dahinter. Genau diese Fähigkeit lebt wieder auf, wenn wir uns mit unserem Inneren Kind verbinden. Uns fallen Dinge ein, die uns als Kind Spaß gemacht haben, bei denen wir uns heute aber lächerlich oder albern fühlen würden. Dabei aktivieren gerade diese Gefühle von *einfach mal machen* und Spaß daran haben Lebensfreude und heben unser Energielevel an.

Und so kannst du vorgehen

- Überlege für dich selbst:
  Wann hast du das letzte Mal etwas nur aus Spaß an der Freude gemacht?
  Wie kannst du mehr davon in dein Leben integrieren?
  Was kannst du HEUTE machen, um dein Inneres Kind aufleben zu lassen?

Journaling

Nimm dir etwas Zeit und vervollständige die beiden folgenden Sätze jeweils mit fünf bis acht unterschiedlichen Themen.
Ich bin …
Ich kann …

Die Dickens-Methode

Die Dickens-Methode ist eine Technik aus der Neurolinguistik, die dabei unterstützen kann, limitierende Glaubenssätze zu identifizieren und zu transformieren. Der Name kommt von Charles Dickens' Weihnachtsgeschichte, genauer von der Figur des geizigen Scrooge, der am Weihnachtsmorgen einem Geist begegnet, der ihm zeigt, wie seine Zukunft aussieht, würde er genauso weitermachen wie bisher. Scrooge ist von dieser Aussicht so verletzt, dass er sein Leben völlig umkrempeln möchte. Mit der Dickens-Methode können wir die Zukunft anhand der jetzigen Situation visualisieren. Bevor du diese Technik anwendest, lies dir bitte zunächst alle Schritte durch.

Und so kannst du vorgehen

1. Suche dir einen ruhigen Platz, wo du ungestört bist.
2. Schließe nun deine Augen und stell dir vor, du stehst an einer Kreuzung. Du kannst geradeaus gehen, ohne deine bisherige Richtung zu verändern. Oder du biegst ab in eine Richtung, in der du alle limitierenden Glaubenssätze und Gewohnheiten loslässt.

3. Stell dir vor, du gehst geradeaus. Das bedeutet, dass du nichts an deinem Leben änderst, deine Glaubenssätze und Denkmuster bleiben gleich. Wie würden die nächsten sechs Monate deines Lebens aussehen? Wie würden deine Lebensbereiche aussehen? Beziehungen, Freundschaften, Karriere, Finanzen, Gesundheit, Sinn? Wie würdest du dich fühlen? Wäre dieser Weg schmerzhaft für dich? Nun denke noch weiter, wo wärst du in einem Jahr? Wie würdest du dich fühlen? Was würde passieren? Und was ist, wenn wir noch weiter in die Zukunft gehen? Sieh dich selbst in fünf Jahren. Wie alt wärst du in fünf Jahren? Wo wärst du, wenn du nichts änderst? Wie würdest du dich dann fühlen? Wie sähen deine einzelnen Lebensbereiche aus? Warum würdest du dieses Leben wählen? Könntest du so leben?

4. Nun bist du wieder an der Kreuzung. Dieses Mal nimmst du die Abzweigung. Und was du siehst, ist wieder die Zukunft. Allerdings die Zukunft, die du lebst, wenn du deine angestammten Verhaltensmuster ablegst, an deinen Glaubenssätzen arbeitest und sie loslässt. Wie würde dein Leben in sechs Monaten aussehen? Wie würdest du dich fühlen? Wie sähen deine Lebensbereiche aus? Wo wärst du in einem Jahr? Wie ginge es dir? Wie würdest du dich in drei Jahren fühlen? Wie würde sich dein Privatleben verändern, deine Karriere? Versetze dich so detailreich wie möglich in dieses Leben hinein.

5. Reise nun wieder zurück in die Gegenwart. Beantworte diese Fragen schriftlich: Was ist der Preis, den du zahlst, wenn du genauso weitermachst und deine Gewohnheiten nicht änderst? Was passiert, wenn du die Abzweigung wählst? Was wären deine neuen Gewohnheiten und Glaubenssätze? Welche Straße wirst du nun wählen?

Diese Übung kann sehr schmerzhaft sein, aber genau deshalb ist sie auch so kraftvoll. Sie hält uns vor Augen, was passiert, wenn wir gegen unsere Werte und das, was wir eigentlich wollen, handeln. Gleichzeitig zeigt sie uns, was passiert, wenn wir anfangen, an unseren Glaubenssätzen und Denkmustern zu arbeiten, und wie viel Kraft wir haben können.

Visualisierungsmeditation »Inneres Kind«

Visualisierungsmeditationen oder meditative Reisen sind sehr wirksame Tools, um dich mit deinem Inneren Kind zu verbinden. Meine persönlichen Erfahrungen damit sind sehr emotional und heilsam. Ich kann dir also nur ans Herz legen, es für dich selbst auszuprobieren, auch wenn es vielleicht einen kleinen Widerstand in dir gibt – davor oder währenddessen. Diese Meditationen sind deshalb so kraftvoll, weil wir anfangen, durch unsere Fantasie zu sehen, und genau das machen wir auch als Kinder.

Wenn du in einer Visualisierungsmeditation bist und feststellst, dass du keine klaren Bilder siehst oder alles etwas farblos oder verschwommen wirkt – keine Sorge. Je öfter du Visualisierungen machst, desto klarer werden die Bilder und/oder Gefühle werden. Versuche, dich deswegen nie zu verkrampfen oder zu stressen – es ist wichtig, erst einmal an der Oberfläche zu beginnen, bevor es mehr und mehr in die Tiefe geht.

Um mit der geführten Meditation zu beginnen, scanne einfach den QR-Code.

Ein kraftvolles Ritual zum Loslassen

Bist du bereit, auf physischer und seelischer Ebene loszulassen? Mit diesem Ritual möchte ich dir zeigen, wie kraftvoll Rituale uns bei unserem Wachstum begleiten können. Seit Jahrtausenden nutzen Ureinwohner und Schamanen Feuer und Rauch als ein Symbol, um ihre Gedanken und Intentionen in den höheren Sinn, das Universum, oder wie jeder Einzelne es nennen mag, freizugeben. Doch das Feuerritual ist noch viel mehr als das. Denn dabei löst sich tatsächlich etwas Physisches auf, wir lassen etwas los. Und das Feuer, der Rauch und die Asche sind für unseren Verstand der Beweis dafür. Der Sinn hinter diesem Ritual ist es, den seelischen Prozess des Loslassens in deiner Realität zu visualisieren und dich energetisch davon zu befreien.

Für das Feuerritual brauchst du ein feuerfestes Behältnis, wie einen Topf oder eine Feuerschale, und ein Feuerzeug oder Streichhölzer. Bitte triff vor deinem Ritual alle Sicherheitsmaßnahmen, die im Umgang mit Feuer notwendig sind.

Und so kann dein Ritual ablaufen

1. Beginne, indem du all das in deinen Geist bringst, was du loslassen möchtest. Versuche, dich hier vor allem emotional zu verbinden, und lass Gefühle zu.
2. Nimm einen Zettel und schreibe darauf, was du loslassen möchtest. Das Ritual beginnt nicht beim Feuer, sondern in *dem* Moment, in dem du schreibst. In diesem Augenblick beginnt das Loslassen. Es könnten Gedanken, Erfahrungen mit bestimmten Personen, Erinnerungen, Glaubenssätze etc. sein, es kann auch nur ein Wort sein oder ein ganzer Satz. Es gibt hier kein richtig oder falsch. Was auch immer dir in den Geist kommt, ist für dich richtig.

3. Lies dir dann deinen Zettel noch einmal ganz genau durch. Wort für Wort, Zeile für Zeile. Schließe deine Augen und verbinde dich mit den Dingen, die auf deinem Zettel stehen.

4. Dann öffne deine Augen wieder und zünde schließlich den Zettel an.

5. Lege den Zettel behutsam in deinen Behälter und sieh ganz achtsam dabei zu, wie er verbrennt und zu Asche wird. Visualisiere beim Zusehen, wie die Dinge, die du loslassen möchtest, durch den Rauch des Feuers ins Universum getragen werden und dich befreien.

Lass los!

6. Beende das Ritual mit einer Affirmation: Heute lasse ich all das los, was ich nicht länger in meinem Leben möchte. Ich lasse all diese Dinge frei und öffne mich der Leichtigkeit, der Liebe, der Freude und dem inneren Frieden.

Wenn das Papier verbrannt und die Asche abgekühlt ist, kannst du sie entweder wegpusten, oder du spülst dein Behältnis mit Wasser aus. Wenn du Lust hast, kannst du dich danach noch in eine Dankbarkeitsmeditation begeben, um das Ritual in Achtsamkeit und Stille abzuschließen.

Urvertrauen

Urvertrauen und das Innere Kind

Unser Urvertrauen ist stark mit unserem Inneren Kind verbunden. Es ist ein weiterer, wichtiger Bestandteil unseres Lebensfundaments.

Beim Urvertrauen geht es vor allem darum, dass wir lernen, die Sicherheiten, die wir uns wünschen, in unserem Inneren zu spüren – fest und unerschütterlich. Häufig verknüpfen wir unser Sicherheitsgefühl mit äußeren Umständen wie Reichtum, Beziehungen und Erfolg. Die Gedanken dazu: »Wenn ich so und so viel Geld auf dem Konto habe, dann fühle ich mich sicher.« »Wenn ich in einer Beziehung bin, fühle ich mich sicher.« »Wenn ich diesen neuen Job bekomme, bin ich sicher.« Mit diesen Gedanken geben wir den äußeren Umständen Macht und berauben uns gleichzeitig unserer eigenen inneren Kraft.

Urvertrauen ist das Gegenteil von der Abhängigkeit vom Außen. Es bedeutet im Kern, dass wir eine tiefe und felsenfeste Sicherheit in uns selbst spüren. Wir sind unser eigener Boden und unser Halt. Heilen wir unser Urvertrauen, kann uns niemand und nichts mehr »den Boden unter den Füßen wegziehen«.

Die Basis unseres Urvertrauens wird in unserer Kindheit gelegt. Das heißt aber nicht, dass wir unser Urvertrauen nicht später stärken und mehr davon aufbauen können. Wir können bewusst und aktiv etwas dafür tun. Dazu kommen wir gleich.

Angst blockiert

Die Angst, den Halt zu verlieren, bewirkt oft, dass es uns schwerfällt, in die Umsetzung zu kommen, vor allem wenn es um etwas Neues geht oder darum, Wahrheiten auszusprechen. Die Angst blockiert uns – energetisch und physisch. Vielleicht erinnerst du dich an eine oder wahrscheinlich mehrere Situationen in deinem Leben, in denen du so voller Angst warst, dass sich dein ganzer Körper verkrampft hat und du dich wie gelähmt gefühlt hast? Oder vielleicht hast du versucht, etwas zu sagen, aber kein Ton ist über deine Lippen gekommen?

Je öfter wir in ähnlichen Situationen sind, desto mehr gewöhnt sich unser Unterbewusstsein daran. Die Angst ist dann noch dieselbe, aber die körperliche Reaktion nicht mehr so stark. Unser Energiekörper erstarrt in diesen Momenten einfach. Das ist zwar nicht so schmerzhaft, bringt uns aber auch nicht in die Umsetzung und lässt uns oft ohnmächtig zurück.

Kontrolle statt Vertrauen

Wenn du dich nicht sicher fühlst, weil dein Urvertrauen verletzt ist, kann es sein, dass du gewisse Mechanismen entwickelst, die in der Regel auf einer einzigen Verhaltensweise basieren: Kontrolle ausüben über alles und jeden um dich herum.

Genau so ein Kontrollzwang hat sich bei mir in meiner Teenagerzeit gebildet, der noch bis in meine Zwanziger sehr ausgeprägt war. Ich konnte teilweise nicht aus dem Haus gehen, ohne noch einmal zurückzukehren und zu sehen, ob der Herd auch wirklich ausgeschaltet war, selbst wenn ich ihn vorher gar nicht benutzt hatte. Ich zog alle Stecker raus, schloss doppelt und dreifach ab, nur um sicherzugehen. In größeren Gruppen unterwegs zu sein oder zusammenzusitzen, hat mir eine solche Angst gemacht, dass ich mich irgendwann ganz zurückgezogen habe und abseits der Uni meistens alleine zu Hause war. Und je mehr Menschen um mich herum waren, desto mehr hatte ich das Gefühl, die Situation nicht kontrollieren zu können. Alleine zu Hause konnte ich durchatmen.

Heute weiß ich, dass dieser Kontrolldrang auf die Verletzung meines Urvertrauens in der Kindheit und das Trauma, das ich erlebt hatte, zurückzuführen war. Die durch das Trauma entstandene Verlassensangst hat auch mein Urvertrauen verletzt. Der Verlust von uns nahestehenden Menschen, sei es durch Tod oder heftigen Streit oder, weil sie uns wirklich verlassen, verletzt unser Urvertrauen. Das kann auch dazu führen, dass wir Menschen von uns wegstoßen, wenn sie uns zu nahe kommen.

Die Heilung des Urvertrauens

Sicherheit in uns selbst zu verspüren, wird oft mit dem Glauben verwechselt, wir müssten stärker sein, härter sein und mehr aushalten. Aber das hat nichts mit Urvertrauen zu tun, ganz im Gegenteil.

Urvertrauen entsteht, wenn du Liebe und Verletzlichkeit in dir zulässt. Urvertrauen ist die Hingabe zum Vertrauen, die uns Stärke schenkt. Je mehr du die vermeintlichen Sicherheiten im Außen vergisst, desto mehr Stabilität wirst du in dir selbst finden. Vertraue auch dem Rhythmus des Lebens. Es hat seine Jahreszeiten. Das hilft dir, die unterschiedlichen Phasen, die Hochs und die Tiefs vertrauensvoll zu meistern, diesen Wechsel zu akzeptieren und dabei einen unerschütterlichen Glauben an dich selbst zu spüren. Denn du weißt: Egal, wie schmerzhaft eine Situation gerade ist, sie wird vorübergehen. Das ist ein wichtiges Thema, auf das ich im Kapitel »Every season has its purpose« genauer eingehe.

Es werden immer wieder Situationen in unser Leben kommen, die schmerzhaft sind, die wir nicht mit unserem logischen Geist verstehen können, die uns wütend oder traurig machen und uns verletzen – das kann auch die Heilung deines Urvertrauens nicht verhindern. Doch diese Heilung kann dich dabei unterstützen, den Boden unter deinen Füßen fest mit dir zu verbinden – weil da eben noch das Urvertrauen ist. Mit ihm darfst du mutig sein, Neues wagen – es gibt dir Halt und fängt dich auf.

Urvertrauen in Verbindung mit unserem Wurzelchakra

Damit wir das Urvertrauen, seine Bedeutung und seine Funktion, besser verstehen können, unternehmen wir zunächst einen Ausflug in das Thema Chakren.

Urvertrauen wird mit unserem Wurzelchakra verbunden. Es befindet sich zwischen Steißbein und Kreuzbein und ist das erste von sieben Energiezentren. Das Wurzelchakra ist der Punkt, der den Boden berührt, wenn du im Schneidersitz sitzt. Deswegen ordnet man diesem Chakra auch das Element Erde zu. Es verbindet uns mit der materiellen Welt.

Nach der Chakrenlehre steht das Wurzelchakra für Urvertrauen, Grundbedürfnisse und finanzielle Sicherheit.

Das Wurzelchakra ist die Basis aller anderen Chakren, so, wie das Urvertrauen das Fundament unseres energetischen Hauses ist. Es trägt alles andere. Wenn wir »Risse« in unserem Fundament haben, wirkt sich das auf den Rest unseres energetischen Hauses aus. Das kann zur Folge haben, dass wir uns unsicher fühlen und nicht wissen, wo unser Platz in diesem Leben ist. Als könnten wir nicht darauf vertrauen, den nächsten Schritt zu machen, ohne zu fallen.

Fühlen wir uns so, neigen wir dazu, zu versuchen, irgendwelche Dinge im Außen zu reparieren – Beziehungen, Job, Umgebung. Und das mag vielleicht für einen kurzen Moment funktionieren, doch langfristig können wir diese Gefühle nur beheben, indem wir unser Fundament ansehen und Heilung an unserer Basis zulassen.

Meditation Urvertrauen

Bei dieser Art der Visualisierungsmeditation stellst du dir buchstäblich Wurzeln vor, die aus deinem ersten Chakra herauskommen und durch den Boden in die Erde hineingehen.

Die Wurzeln gehen immer tiefer und verankern dich mit dem Mittelpunkt der Erde. Diese Meditation ist sehr wirksam und kann einen lang anhaltenden Effekt haben, je öfter wir sie durchführen.

Öffne dein Wurzelchakra

Viele von uns leben heute einen großen Teil ihres Lebens online. Das hat zur Folge, dass wir sehr viel in unserem Kopf sind und uns immer mehr von unserem Körper und von Erdung entfernen.

In der Geschichte der Menschheit ist unsere Generation diejenige, die am wenigsten Kontakt mit Erde und Natur hat. Und auch wenn das auf den ersten Blick nicht tragisch erscheint – es macht etwas mit uns.

Zeit in der Natur zu verbringen, hat einen nachweislich positiven Effekt auf dein Wohlbefinden, auf deine Gesundheit und deinen Geisteszustand. Dich buchstäblich zu erden – egal, ob du nun barfuß über eine Wiese läufst, in einem Baggersee schwimmst, durch den Wald wanderst oder eine Fahrradtour in den Weinbergen machst, dich in der Natur aufzuhalten, ist gut für deinen energetischen und physischen Körper.

Wenn du keine Zeit für einen größeren Ausflug hast, hilft dir dieses kleine Ritual, dich immer wieder zwischendurch zu erden.

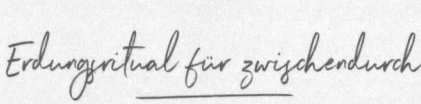

Erdungsritual für zwischendurch

Du musst nicht gleich zu einer langen Wanderung in die Berge aufbrechen, um den positiven Effekt der Natur auf dein Wohlbefinden spüren zu können. Baue dieses einfache Ritual immer wieder in deinen Alltag ein und spüre die erdende Wirkung.

Und so kann dein Ritual ablaufen

1. Stelle dich barfuß mit beiden Füßen hüftbreit auf den Boden. Achte darauf, dass du nicht auf einem Teppich stehst, sondern am besten auf einem natürlichen Boden wie Holz oder, noch besser, direkt auf der Erde oder auf Gras.
2. Schließe deine Augen und atme tief durch die Nase ein und durch den Mund wieder aus.
3. Nimm den Boden unter deinen Füßen ganz bewusst wahr.
4. Stell dir nun vor, wie du durch die Erde atmest. Atme ein und stell dir vor, wie der Sauerstoff von der Erde durch deinen Körper läuft und du ihn beim Ausatmen wieder zurückfließen lässt.
5. Wiederhole das, so lange du möchtest.
6. Spüre, wie du mit der Erde verbunden bist. Geh raus aus dem Kopf, rein ins Fühlen.

Und noch ein kleiner Tipp: Stelle dir eine Erinnerung für dieses Ritual ein, damit du die positiven Effekte dieser kleinen Erdungsübung jeden Tag spüren kannst.

Journaling

Diese Fragen können dich auf dem Weg der Heilung deines Urvertrauens unterstützen.

Was sind meine Grundbedürfnisse?

Welche Bedürfnisse müssen bei mir persönlich erfüllt sein, um mich sicher zu fühlen?

Gab es Situationen in meinem Leben, in denen zum Beispiel das Sicherheitsbedürfnis nicht erfüllt war?

Was kann ich tun, um mich innerlich sicher zu fühlen (unabhängig von externen Umständen)?

Welche Grundbedürfnisse wie Wasser, Nahrung, Wärme, Sicherheit, soziale Zugehörigkeit, Selbstverwirklichung sind in meinem Leben erfüllt, und wofür bin ich dankbar?

Was hilft mir dabei, mich zu erden?

Wann fühle ich mich stark?

Wann fühle ich mich sicher?

Affirmationen, um dein Urvertrauen zu stärken

Affirmationen sind positive Sätze, die du immer wieder aufsagen und denken kannst. Machst du das regelmäßig, geht die Information der Affirmationen in dein Unterbewusstsein über. Dein Unterbewusstsein nimmt sie als wahr an, und so wird dein Urvertrauen gestärkt.

Ich bin sicher und geborgen.

Ich bin mit dem Vertrauen verbunden.

Ich darf liebevoll mit meiner Angst umgehen.

Ich erinnere mich daran, was im besten Fall passieren könnte.

Ich habe immer alles, was ich brauche.

Es ist mehr als genug da.

Für mich ist gesorgt.

Meine Zukunft ist voller Freude und Licht.

Ich blicke zuversichtlich in die Zukunft.

Ich lasse all meine Gedanken und Sorgen los und bin im Hier und Jetzt.

Ich vertraue in mich.

Ich vertraue in das Leben.

Ich vertraue darauf, dass alles aus einem höheren Sinn passiert.

Ich lasse meine Ängste los und lade Zuversicht ein.

Ich lenke meine Gedanken vom Mangel in die Fülle.

Ground and Release

Mit dieser Atemübung fährt dein parasympathisches Nervensystem vollkommen runter, denn du atmest ganz bewusst nur in den Bauchraum ein und aus. Mit jeder Ausatmung sinkst du tiefer in den Boden und kannst dich noch mehr erden.

Und so kannst du vorgehen

1. Lege dich mit dem Rücken auf den Boden.
2. Lege eine Hand auf deinen Bauch und eine Hand auf dein Brustbein.
3. Schicke deine Atmung nun ganz bewusst in den Bauchraum und spüre, wie deine Bauchdecke und eine Hand sich anheben. Die Hand auf deinem Brustbein bleibt von dieser Bewegung nahezu unberührt.
4. Atme tiefer und immer tiefer in den Bauch, ohne die Atmung zu forcieren.
5. Bleibe bei dieser Atmung 2–10 Minuten. Spüre nach, so lange du möchtest.

Intuition
– deine innere Stimme

Was ist Intuition?

Kannst du dich erinnern, wann du das letzte Mal dein Bauchgefühl gespürt hast?

Oder wann in einer bestimmten Situation ein kleiner Impuls, ein bestimmtes Gefühl einfach aus dem Nichts gekommen ist? Ohne, dass du eine Erklärung dafür hattest?

Zum Beispiel: »Nimm jetzt lieber diese Ausfahrt!« oder »Vielleicht solltest du heute mal deine Mutter anrufen?« oder »Nimm heute lieber das Auto statt der Bahn«.

Kennst du das: Du denkst an einen alten Bekannten, den du ewig nicht gesehen hast, und zwei Tage später triffst du ihn auf der Straße?

Oder du spürst den Drang, ein Buch zu öffnen, und schlägst genau das Kapitel Intuition auf …

Wann hast du zum letzten Mal eine Entscheidung aus deinem Bauchgefühl heraus getroffen, ohne in diesem Moment eine rationale Erklärung dafür zu haben? Und inwiefern hat diese Entscheidung dein Leben beeinflusst?

Manche Menschen nehmen Intuition stärker wahr als andere. Aber Intuition ist nichts, mit dem die einen geboren werden und die anderen nicht. Wir alle tragen sie in uns. Sie ist unsere wertvollste Superpower.

Intuition ist oft wie ein flüchtiger Luftzug, der genauso schnell auftaucht, wie er wieder verschwindet. Und wir Menschen neigen dazu, etwas nur zu verstehen und zu akzeptieren, wenn wir es sehen, hören oder anfassen können: Wir wollen also Beweise! Für deine innere Stimme gibt es keine Beweise. Intuition ist nicht sichtbar. Trotzdem ist sie kein Mythos, sondern ein wissenschaftliches Phänomen.

Kann man Intuition definieren?

Intuition wird häufig als unmittelbares, nicht auf Reflexion beruhendes Erfassen einer Sache oder eines komplexen Vorgangs oder auch einfach als Eingebung definiert.

Solche neurowissenschaftlichen Definitionen ähneln sehr der spirituellen Definition, nach der ein tiefes inneres Wissen über unser bewusstes Denken hinausgeht. Sie ist eine Eingebung, die wir geschenkt bekommen. Geliefert durch eine Energie, die wir nicht logisch erklären können. Das müssen wir aber auch gar nicht. Ganz im Gegenteil – Intuition braucht und will keine Logik.

Mein persönliches Navigationssystem

Meine persönliche Vorstellung von Intuition ist auch nur ein Bild, keine Erklärung, aber es macht dir vielleicht deutlicher, was Intuition sein kann. Ich stelle mir meine Intuition immer als mein persönliches GPS-System vor, das mich auf meiner Lebensreise begleitet. Es zeigt mir, welche Ausfahrten ich nehmen, welche Straßen ich lieber meiden sollte, wo ich die Geschwindigkeit rausnehmen muss und wo ich aufs Gas gehen darf. Und es schützt mich davor, in Einbahnstraßen oder zu enge Straßen zu fahren, warnt mich vor Unfällen und Baustellen.

Keine Argumente, sondern Instinkte

Die Intuition leitet uns immer genau zu der Erfahrung, die wir brauchen, um zu wachsen, um auf die nächste Ebene unseres Selbst zu kommen. Sie hilft uns dabei, Entscheidungen zu treffen, die unserem höheren Selbst entsprechen, unserem ganz persönlichen Herzensweg, der Version von uns und unserem Leben, die wir uns am sehnlichsten wünschen. Sie ist ein Instrument der Fülle in uns.

Unsere Intuition findet nicht in Gedanken statt, sondern sie hilft uns, gerade unsere Gedanken, unseren Geist auszuschalten und stattdessen unsere Instinkte zu nutzen und ihnen zu vertrauen. Deine Intuition sucht nicht nach Argumenten oder versucht, dir eine Idee zu verkaufen oder möglichst schmackhaft zu machen. Wenn du gerade in einer Entscheidungsphase bist und merkst, dass du nach Argumenten suchst, dann entscheidet dein Geist, nicht deine Intuition. Denn Argumente kommen aus deinen Gedanken und deinem Ego. Intuition ist deine tiefe innere Weisheit und muss gar nicht argumentieren. Sie hat es nicht nötig, irgendetwas zu beweisen. Das, was nach Beweisen verlangt, ist unsere Angst. Unsere Intuition ist allwissend und unendlich weisc.

Keine Worte, sondern Energie

Das Spannende an unserer Intuition ist auch, dass sie nicht mit lauten Sätzen kommuniziert. Ihre Sprache ist Energie, Vibration, Gefühl – was wir in unserem Körper spüren. Bei einigen Mensch ist es tatsächlich das klassische Bauchgefühl. Das liegt daran, dass unser Magen-Darm-System auch als unser zweites Gehirn bezeichnet wird und wir hier dementsprechend viele Nerven und Energiezentren haben.

Intuition kann sich aber auch bei jedem Menschen individuell ausdrücken. Manche fühlen sie in ihrem Hals. Bei manchen ist es der Herzschlag oder ein Gefühl in der Brust. Andere fühlen ein Kribbeln.

Verbindung mit deinem Herzen

Der einfachste Weg, auf deine Intuition zu hören, ist es, dich mit deinem Herzen zu verbinden. Denn auch unser Herz ist eine Art Minigehirn. Es hat ca. 40 000 Sinnesnerven und ist so mit unserem Gehirn verbunden. Wenn unser Herz etwas spürt, schickt es das wie ein Paket an unser Gehirn, und dort erst werden daraus Gedanken. Diese Gedanken sind nicht die Intuition. Die Intuition ist das Gefühl, das wir körperlich gespürt haben. Und zwar so schnell, dass wir in einer

Millisekunde wissen, was richtig oder falsch ist, ohne darüber nachzudenken oder vorher gar eine große Pro-und-Kontra-Liste anzulegen. Letztere brauchen wir nur, wenn wir diesem ersten Gefühl nicht vertrauen, wenn wir anfangen, darüber nachzudenken, es zu analysieren und zu verargumentieren. Das erste Gefühl vermittelt ganz genau: »Ja, das hier fühlt sich gerade richtig für mich an« oder »Stopp, irgendwas ist hier nicht in Ordnung«.

Dieser Unterscheidung zwischen Intuition und Denken ist wichtig. Denn nur beim Denken und Argumentieren hat die Angst eine Chance, sich einzumischen. Unsere Intuition ist furchtlos.

Angst und Intuition: Wo ist der Unterschied?

»Worin besteht denn der Unterschied zwischen Angst und Intuition?«, das werde ich oft gefragt. »Angst spüren wir doch auch körperlich und oft sehr schnell.«

Unsere Angst, unser innerer Kritiker, ist meistens laut – viel lauter als die Intuition. Sie kommt als echte Stimme daher. Wir können sie deutlich hören, sie spricht laut in Wörtern und in ganzen Sätzen: »Das schaffst du nicht.« »Du bist nicht gut genug.« »Das kriegst du nicht hin.« »Das ist eine Nummer zu groß für dich.«

Klare Worte. Klare Sätze. Was diese Sätze in uns auslösen, welche Reaktion wir dabei körperlich spüren, ist genauso klar. Es ist oft ein Gefühl der Enge, des Gefesseltseins, oder ähnliche, limitierende Reaktionen. Die Angst wird gesteuert von unserem Ego – und das ist für unser Überleben zuständig. Es ist aber nicht dafür zuständig, dass wir uns gut fühlen oder auf dem richtigen Weg sind.

Manchmal, wenn wir vor der Entscheidung stehen, etwas völlig Neues zu versuchen, ist es unsere Intuition, die uns ein Gefühl von »Ja« vermittelt, aber unsere Angst, die laut »Nein« schreit. Sie ist so laut, weil das Ego gerade auf Überlebensalarm gestellt ist. Denn Neues und Unbekanntes sieht unser Ego immer als potenzielle Gefahr. Selbst wenn das, was wir schon immer gemacht haben, nicht gut für uns war und ist – es ist uns vertraut. Weniger Risiko bedeutet bessere Überlebenschancen.

Komfortzone oder *Higher Self*

Unser Ego wird uns immer wieder zurück in unsere Komfortzone bringen wollen. Wenn wir dort bleiben, wo wir schon sind und waren, kommen wir allerdings auch immer wieder zu denselben Entscheidungen und Ergebnissen in unserem Leben. Wir befinden uns dann in einem ewigen, ermüdenden Strudel, in dem sich nichts ändert und wir uns machtlos fühlen. Wir bleiben im »Opfer-Modus«, bleiben abhängig von unseren Lebensumständen.

Unsere Intuition dagegen ist Teil unseres höheren Selbst *(Higher Self)* und Teil einer Weisheit, die uns auf eine sehr subtile Art und Weise Signale schickt. Sie muss sich nicht erklären oder verteidigen. Ich habe ja schon geschrieben, dass die Intuition nicht laut ist. Sie ruft nicht ständig: »Hallo! Hier bin ich! Hör mir zu!« Sie ist eher soft und leise und gibt uns kleine Impulse, die uns oft ganz überraschend treffen. Umso wichtiger ist es, auf diese kleinen Impulse zu achten. Die Entscheidung, ob du ihrem Rat dann auch folgst, überlässt die Intuition immer dir. Aber immer dann, wenn wir unserer Intuition nachreisen, haben wir die Möglichkeit, zu wachsen und auf eine andere, neue Ebene zu kommen.

Negative Gefühle als Botschafter

Wenn du an einem Punkt in deinem Leben bist, an dem du merkst, dass sich etwas nicht richtig anfühlt, ist es wichtig, die Augen offen zu halten, dein Herz offen zu halten, um die Zeichen deiner Intuition spüren zu können. Oft sind auch negative Gefühle eine Botschaft deiner Intuition: Sie spricht nicht in den deutlichen Worten der Angst, aber sie vermittelt dir, dass irgendetwas nicht stimmt – auch wenn vielleicht nach außen hin alles wunderbar oder zumindest in Ordnung scheint. Du fühlst dich dann »irgendwie nicht zufrieden«. Das ist deine Intuition, die dir vermitteln möchte, dass du nicht im Einklang mit deinen Werten bist, nicht dem näher kommst, was du dir für dein Leben wünschst, du gerade nicht der Mensch bist, der du eigentlich sein willst. Dass du stattdessen möglicherweise eine Maske aufgesetzt hast.

Wir sind manchmal so daran gewöhnt, dass wir unzufrieden oder sogar immer mal wieder super frustriert sind, dass wir gar nicht weiter nachspüren, woran das liegen könnte. Dabei ist jedes negative Gefühl, das wir in dem Zusammenhang vielleicht gar nicht »negativ« nennen sollten, eigentlich gut für uns. Es ist wie ein Straßenschild: Hier geht's nicht entlang! Lieber wieder zurück und die Abzweigung nehmen!

Intuition ist keine Erfolgsbremse

Diese Botschaft können wir natürlich nur fühlen, wenn wir mit unserer Intuition verbunden sind. Wir sind aber in unserem Alltag meistens zu verkopft und suchen nach Fakten und Beweisen. Wir lassen, gerade bei Entscheidungen, Gefühle selten zu.

Dabei erzählen immer wieder sehr erfolgreiche Menschen in angesehenen Zeitschriften und Büchern ganz eindeutig, dass sie die großen Entscheidungen in ihrem Leben immer getroffen haben, indem sie ihrer Intuition gefolgt sind. Das finde ich faszinierend und inspirierend.

Wie wir unsere Intuition für uns nutzen können

Stille verbindet uns mit unserer Intuition

Intuition kann sich zu jeder Zeit äußern, auch wenn alles um dich herum laut ist. Aber um die Verbindung mit deiner Intuition herzustellen und sie dann zu stärken, darfst du in die Stille gehen. So kannst du diese kleinen Gefühle einfacher wahrnehmen, so kannst du diese leise Stimme hören und für dich erkennen: »Ah, so meldet sie sich bei mir. So fühlt sich das an.« Um sich mit der Intuition zu verbinden, sind Achtsamkeit, Stille und Meditation sehr hilfreich. In der Stille kannst du dich für die leise Frequenz deiner Intuition sensibilisieren, um dann auch in anderen Situationen wahrzunehmen, wenn sie dir etwas mitteilen möchte. Und so merkst du auch, dass belastende oder negative Gefühle Zeichen deiner Intuition sein können. Dass sie dir klarmachen können, dass dein Innen und dein Außen gerade nicht im Einklang sind.

Stille Gegenmittel

Wir nehmen jeden Tag Hunderttausende von Eindrücken wahr – die meisten davon unbewusst. Außerdem sind wir als Erwachsene gedanklich fast nie wirklich im Augenblick, sondern immer einen Schritt voraus: Wenn wir auf die Bahn warten, holen wir unser Handy raus. Wenn wir essen, checken wir unsere Mails oder denken an To-dos – immer sind wir auf der Suche nach der nächsten Ablenkung. Weil wir verlernt haben, mit uns selbst zu sein, uns selbst Gesellschaft zu leisten. Deshalb ist das In-der-Stille-Sein, einfach nur das Jetzt zu genießen, eine riesige Herausforderung für viele von uns.

Wenn es uns nicht gut geht, suchen wir sofort nach einem »Gegenmittel«: Es geht mir nicht so gut, also schaue ich mir einen spannenden Film an, checke meine Social-Media-Accounts, esse irgendetwas. So können wir kurzfristig den Schmerz betäuben, gehen aber nicht an die Ursachen. Wir lassen unsere Gefühle in diesen Momenten nicht zu, sondern verstecken uns regelrecht vor ihnen. Dieses Verhalten wird oft so zur Gewohnheit, dass du es unterbewusst ganz automatisch machst, wenn du dich auf irgendeine Weise unwohl fühlst.

Selbstakzeptanz und Investition in uns selbst

In der Stille aber darfst du deine Gefühle zulassen, darfst alle Gefühle auftauchen lassen, darfst sie akzeptieren, ohne sie zu werten. Nur, wenn wir Zeit mit uns selbst in der Stille verbringen, können wir uns selbst kennenlernen und in die Selbstakzeptanz gehen. Und mit Akzeptanz meine ich nicht, dass wir schlechte Gewohnheiten wahrnehmen und

Intuition aktiv nutzen

Du kannst deine Intuition auch ganz aktiv nutzen, um Ent-schei-dungen zu treffen. Dazu solltest du allerdings schon stärker mit ihr verbunden sein. Sonst kann es passieren, dass ihre Zeichen nicht sofort siehst und erkennst. Unsere Intuition ist wie ein Muskel, den wir täglich trainieren können. Erlaube deiner Intuition, im Alltag kleine Entscheidungen zu treffen, um den Muskel für größere Herausforderungen zu stärken.

Und so kannst du vorgehen

1. Visualisiere deine Entscheidungsmöglichkeiten und ihre Folgen jeweils einzeln vor deinem inneren Auge. Spiele das gesamte Szenario ab: deine Entscheidung, die Folgen für dein Leben in den unterschiedlichen Lebensbereichen. Wie würde es aussehen, wenn du dich für A entscheidest? Was würdest du sehen, was würdest du fühlen, was würdest du hören?

2. Achte genau darauf, welche Gefühle in dir hochkommen. Unser Unterbewusstsein unterscheidet nicht zwischen Realität und Vorstellung. Es entstehen auf jeden Fall Gefühle. Und genau diese Gefühle beleuchten dir den Weg. Manchmal wirst du deine Gefühle nicht sofort definieren können, oft machen sie sich durch körperliche Empfindungen bemerkbar. Negative Gefühle können zum Beispiel als Enge in der Brust auftauchen. Oder dein ganzer Körper verkrampft. Positive Reaktionen können sich als kleine Herzsprünge oder Schmetterline im Bauch zeigen.

Je öfter du diese Übung machst, je öfter du deine Intuition nützt und ihr vertraust, desto leichter wird es dir fallen, diesen von deiner Intuition geschickten Gefühlen zu folgen und damit Entscheidungen zu treffen.

sagen: »So bin ich einfach.« Es geht nicht um diese Art von Akzeptanz, sondern darum, zu verstehen und zu akzeptieren, wo du gerade bist. Es ist in Ordnung! Du weißt, dass du auf einer Reise bist, und es ist in Ordnung, auf welcher Station dieser Reise du gerade bist. Du weißt, dass all das Teil deines einzigartigen Weges ist. Auch wenn vielleicht gerade noch nicht alles einen Sinn ergibt, vertraust du darauf, dass all das Teil des Plans ist. Deines ganz persönlichen Plans.

Indem unsere Gesellschaft das »Immer-busy-Sein« zu einem der wichtigsten Statussymbole erhoben hat, arbeitet sie aktiv gegen das Fühlen und vor allem gegen das Sich-selbst-Fühlen. Es wird als produktiv und gut angesehen, einer To-do-Liste nach der anderen hinterherzujagen und dabei ganz zu vergessen, wer wir ohne unsere To-do-Listen sind. Durch sie sind wir den ganzen Tag mit allen möglichen Dingen verbunden, nur nicht mit uns selbst. Wir investieren in andere Menschen, die uns wichtig sind, gerne sehr viel Zeit – und das ist auch gut so. Aber wie viel Zeit investieren wir in uns selbst? Wenn wir schon mit To-do-Listen arbeiten wollen, sollte ein prominenter Posten darauf du selbst sein, dein Wohlbefinden und deine persönliche Entwicklung.

Das Gefühl von zu Hause

Bist du nicht mit deiner Intuition verbunden, bist du nicht mit dir selbst verbunden. Dich aber mit deiner inneren Stimme verbunden zu fühlen, ist eine wunderschöne und intensive Reise, die sich wie »nach Hause kommen« anfühlt. Denn deine Intention schenkt dir Stärke, mehr Zufriedenheit und mehr Vertrauen in das Leben. Sie hilft dir, durch dein Leben zu navigieren und Entscheidungen zu treffen, die wirklich deinem Herzensweg entsprechen. Sie hilft dir, das zu finden, was dir wirklich dient, in einem höheren Sinn. Weil es der Weg ist, den du eigentlich gehen willst, tief in dir. Deine Intuition hilft dir, Wünsche auszusprechen, die du vorher nicht gewagt hast auszusprechen. Dabei muss zwischen Soul Goals und Ego Goals unterschieden werden, worauf ich im Kapitel »Manifestieren« eingehe.

Umwege sind möglich

Manchmal treffen wir Entscheidungen mit unserer Intuition und werden von ihr auf einen Weg geführt, den wir gar nicht wollen. Du wirst dich fragen: Warum ist das so? Es heißt doch, dass mich die Intuition immer auf den richtigen Weg führt. Die Antwort ist ganz einfach: Unsere Intuition schenkt uns ein Learning, das uns dabei hilft, auf der Reise zu einem Higher Self auf die nächste Ebene zu kommen. Um diese nächste Ebene zu erreichen, sind manchmal Erfahrungen nötig, die wir vielleicht zunächst als negativ oder unangenehm empfinden – bei denen wir aber im Nachhinein merken: Ja, natürlich musste das passieren, sonst wäre etwas anderes nicht möglich gewesen, was sich genau daraus ergeben hat. Und weil das so ist, bereuen wir Entscheidungen, die wir mit unserer Intuition getroffen haben, später niemals. Das kennst du sicher, und vielleicht fällt dir gerade auch ein Beispiel aus deinem eigenen Leben dazu ein.

Wie mich Intuition nach Berlin geführt hat

Einen Teil meiner persönlichen Geschichte mit der Intuition habe ich schon in der Einleitung zu diesem Buch geschildert. Meinen Weg nach Berlin, den Erfolg in der Modebranche. Dann die Depressionen und die Frage: »Was mache ich hier?«

Obwohl dieser Weg durch so viele Tiefen führte, war die Entscheidung für diesen Umzug die beste, die ich bis dahin in meinem Leben getroffen hatte. Und es war die erste, bei der ich hundertprozentig meiner Intuition gefolgt bin, auch wenn mir das nicht bewusst war.

Damals war ich ein sehr ängstlicher Mensch, der sich nach Sicherheit sehnte. Und trotzdem verspürte ich plötzlich den unbedingten Drang, nach Berlin zu ziehen, obwohl ich dort niemanden kannte und auch noch nicht oft dort gewesen war, geschweige denn einen Job gehabt hätte. Zudem war auch mein Mann nicht besonders wild darauf, umzuziehen und etwas komplett Neues anzufangen. Weil das Gefühl in mir aber so stark war, sagte ich ihm: »Okay, aber ICH gehe.« Als ich diese Worte aussprach, war ich selbst geschockt, denn das passte einfach nicht zu mir. Trotzdem war das Gefühl in mir stark, dass ich nicht anders konnte. Ich wusste einfach, ich musste da hin. Und zum Glück kam Roman mit und gab Berlin eine Chance. Wenn ich jetzt daran zurückdenke, kommt es mir total verrückt vor, wie locker und entspannt ich trotz aller äußeren Umstände war.

Ein ganz neues Leben

In Berlin wartete so viel auf mich. Ein komplett neues Leben, meine Selbstständigkeit und unglaubliche Menschen, die ich dort kennenlernte. Und letztendlich dann auch der Weg, den ich heute gehe. Hätte ich mich damals von meiner Angst leiten lassen, wäre ich sicher nicht nach Berlin gegangen, hätte mir einfach einen Job gesucht und würde wahrscheinlich heute ein Leben führen, das nicht wirklich zu mir passt.

Daran denke ich immer, wenn es um das Thema Intuition geht. Ich bin, zur Überraschung vieler Menschen um mich herum, ins kalte Wasser gesprungen, obwohl das gar nicht meine Art war. Ich habe meiner Intuition vertraut und wurde dafür reichlich belohnt.

Den Zeichen vertrauen

In Berlin kam nach dem Erfolg der große Tiefpunkt. Ich fühlte mich immer schlechter, leer und ausgepowert. Denn zu dem Zeitpunkt hatte sich meine innere Stimme zwar gemeldet: »Hier ist etwas falsch. Das ist nicht genug!«, aber ich wusste noch nicht, wohin der Weg gehen sollte. Sie hat sich ja nicht gemeldet und mir mitgeteilt: »Werde jetzt Achtsamkeitstrainerin!« Sie hat mir einfach nur vermittelt, dass ich weiterziehen sollte, dass noch etwas anderes auf mich warten würde. Auch wenn ich keine Vorstellung hatte, was das sein könnte, habe ich rein instinktiv darauf vertraut, dass ich schon noch Zeichen bekommen würde. Und irgendwann wurden diese Zeichen so deutlich, dass ich sie nicht übersehen konnte: der kleine Buchladen, die ersten Bücher zum Thema Achtsamkeit. Den Rest kennst du oder kannst ihn in der Einleitung nachlesen.

Manchmal frage ich mich, was passiert wäre, hätte ich an diesem Tag nicht diesen Laden gefunden. Auf welche Art und Weise wäre ich dann zu diesen Themen gekommen? Ich denke, es hätte bestimmt auch einen anderen Weg gegeben. Denn das, was ich heute mache, das bin zu 100 Prozent ich. Mein heutiges Leben fühlt sich für mich vollkommen natürlich an – auch wenn ich es mir vor ein paar Jahren noch nicht hätte vorstellen können. Es ist so faszinierend, wie schnell sich Dinge verändern können, wenn wir unserer Intuition vertrauen. Und es ist faszinierend, dass unsere Intuition uns immer zu unserer inneren Wahrheit leitet. Immer zu dem, was wirklich unsere Bestimmung ist.

Der richtige Weg ist der Weg deines Herzens

Im Prinzip ist es so einfach, und doch tun wir uns schwer damit: Wenn du unglücklich bist, dann spür in dich hinein und gehe so lange zurück in deinen Gedanken, bis du weißt, welche Entscheidung dich unglücklich gemacht hat. Und dann frage deine Intuition: »Was kann ich tun?« Sprich diese Frage auch ruhig laut aus. Das mache ich oft so. Ich frage meine Intuition einfach laut. Und ich habe gelernt, ihrer Antwort zuzuhören und ihr zu vertrauen. Es ist so einfach. Trotzdem suchen wir manchmal nach komplizierten, vermeintlich logischen Wegen, statt zu sehen, was direkt vor unseren Augen ist.

Die Geschichte von Mara und Buddha

Ich möchte dir eine meiner liebsten Geschichten von Buddha erzählen, die mich immer wieder daran erinnert, in die Hingabe zu gehen und mein Herz zu öffnen:

In der Nacht vor seiner Erleuchtung saß Buddha unter einem Baum und führte einen innerlichen Kampf mit dem Dämonengott Mara. Dieser hatte schon oft versucht, Buddha mit Gedanken von Gier, Zweifel, Hass und Ängsten anzugreifen.

Doch in dieser Nacht gewann Buddha den Kampf, und als Mara am nächsten Morgen erkannte, dass er gescheitert war, verließ er Buddha kurz vor seiner Erleuchtung. Der Dämonengott gab zwar nicht auf, doch ging Buddha beim nächsten Mal, als Mara erschien, auf ihn zu, blickte ihm in die Augen und sagte:

»Ich sehe dich, Mara.«

Dann lud Buddha Mara zum Tee ein, bot ihm ein bequemes Sitzkissen und füllte heißen Tee in eine Tasse. Buddha und Mara saßen den ganzen Tag am selben Tisch, bis Mara am Abend ging. An diesem Tag blieben die Gedanken des Buddha frei und ungestört.

Wann immer Mara danach zu Buddha kam, empfing der ihn wieder mit offenen Armen und den Worten: »Ich sehe dich, Mara. Komm rein, gesell dich zu mir.« Und Buddhas Herz blieb frei und ungestört.

Wir alle bekommen von Zeit zu Zeit unerwartete Überraschungsbesuche von Mara. Er bringt meist beunruhigende Emotionen und Ängste mit. Er will uns alte Geschichten erzählen, die wir dann von uns selbst glauben. Er bringt Gier, Wut und Mangeldenken mit sich. Und je öfter wir Mara mit voller Wucht die Tür vor der Nase zuknallen, desto lauter und häufiger werden seine Besuche.

Blicke Mara in die Augen

Wenn wir aber Mara die Tür öffnen und ihn mit den Worten »Ich sehe dich, Mara. Gesell dich zu mir« empfangen, bringen wir Licht in die Dinge, die er uns mitbringt.

Wenn wir Mara hereinbitten und zum Tee einladen, anstatt ihn zu vertreiben, erkennen wir in diesem Moment die Menschlichkeit in uns an. Denn all diese schwierigen und von Angst geprägten Emotionen sind Teil unserer Lebenserfahrung. Wir alle tragen Mara in unserem Herzen. Er ist unser ständiger Begleiter.

Wenn wir also diesem Teil von uns in die Augen blicken und ihn mit Wärme und Mitgefühl annehmen, ist das der Moment, in dem wir uns für Heilung entscheiden. Wir öffnen unser Herz und bringen Licht in die finstersten Ecken. Und durch dieses Licht verschwindet die Angst vor der Dunkelheit.

Wenn Mara das nächste Mal zu dir kommt, dann empfange ihn mit offenen Armen, sage ihm, dass du ihn siehst, und lade ihn zum Tee ein. Mara ist ein Teil von dir. Du darfst ihn ansehen, annehmen und ihm mit Mitgefühl begegnen.

Die Angst ist ein Teil von dir

Die Angst als Freund

Ganz ähnlich ist es mit der Angst. Wie Mara ein Teil von dir ist, ist auch die Angst ein Teil von dir. Wenn du deine Angst als Freund annimmst, machst du sie menschlicher und greifbarer. Und du lernst, nicht mehr gegen sie anzukämpfen, sondern sie als Teil deines Lebens, deines Selbst zu akzeptieren und ihr mit Respekt und Wohlwollen zu begegnen.

Angst ist ein liebevoller Teil von dir, der dich vor etwas schützen möchte. Sie ist ein Urinstinkt, der aus unserem Unterbewusstsein kommt und in erster Linie für unser Überleben zuständig ist. Wir müssen Angst vor einer Klippe mit steilem Abgrund oder vor Feuer haben. Der Angst ist es egal, ob wir in einer vermeintlich gefährlichen Situation Glück empfinden, ob wir erfüllt sind, einen Lebenssinn finden. Ihr geht es um das reine Überleben. Deswegen kann man es ihr auch nicht übel nehmen, dass sie ihren Job macht, indem sie dich vor Gefahren schützt.

Die Angst vor dem Unbekannten

Aus diesem Grund meldet sich die Angst auch, wenn du vor etwas Unbekanntem stehst, vor einer neuen Situation. Man kann sich gut vorstellen, wie die Angst dein gesamtes Gedächtnis, auch im Unterbewusstsein, auf der Suche nach einem Referenzerlebnis durchwühlt. Wenn sie keines findet, ruft sie: »Stopp! Gefahr! Das kennen wir nicht, wir können also auch nicht wissen, was passieren wird. Du hast doch die letzten 25, 30, 40 Jahre auch ohne diese Situation überlebt, warum sich hier unnötig in Gefahr begeben?« Und dann bekommst du Schweißausbrüche, Herzklopfen, Fluchtgedanken, alles, um dich davon abzuhalten, dich in diese unbekannte Gefahr zu begeben. Die Angst möchte dich in deiner Komfortzone halten.

Doch deine Angst sitzt nicht am Steuer. Das Spannende ist: Hier kommt dein Verstand ins Spiel. Denn er hilft dir gegen die Angst. Mit ihm, mit Fakten – und deinen Erfahrungen – kannst du Gefahren selbst einschätzen und deine Komfortzone verlassen. Das ist ein Gefühl wie der erste Sprung vom Dreimeterbrett. Es ist extrem aufregend, man steht ewig auf dem Brett, bevor man sich entscheidet. Und dann springt man einmal, zweimal, dreimal. Weil wir unsere Komfortzone verlassen haben und uns dabei richtig gut fühlen. Die Angst hat sich zurückgezogen, denn durch den ersten Sprung wurde ein Referenzerlebnis geschaffen, und sie hat gelernt, dass es hier gar nicht ums Überleben geht. Alles ist gut.

Nimm deine Angst liebevoll wahr, aber überlasse ihr nicht die Entscheidung: »Ja, ich nehme dich wahr, ich sehe dich. Danke, dass du auf mich aufpasst. Du darfst auch bleiben. Aber die Entscheidung treffe ich. Du fährst auf dem Beifahrersitz mit, aber ich sitze am Steuer.«

Fragen an die Angst und an dich selbst

Angst sendet deutliche körperliche Signale wie Herzrasen, Schweißausbrüche oder Atemnot. Und weil du sie körperlich so stark spürst, ist es auch gar nicht so einfach, sie zu ignorieren. Genau das solltest du auch nicht. Es wird dir nicht helfen. Stattdessen kann es eine Methode für den Umgang mit Angst sein, ihr und auch dir selbst Fragen zu stellen.

Fragen zur Angst vor dem Sprung ins Wasser:

Besteht hier Lebensgefahr oder ist es nur die Angst vor dem Unbekannten?
   Du weißt zum Beispiel, dass du bei drei Metern ins tiefe Wasser aller Wahrscheinlichkeit nicht sterben wirst. Stehst du an einer 100 Meter hohen Klippe, ist das aber eine ganz andere Sache.

Ist meine Angst vielleicht nur ein verdrängter Glaubenssatz?
   Zum Beispiel: »Das kannst du nicht schaffen.«, »du bist nicht alt genug.«, »du bist nicht sportlich genug.«, »du bist doch immer so ungeschickt.«

Was kann schlimmstenfalls passieren?
   In unserem Beispiel sehr wahrscheinlich ein veritabler Bauchklatscher oder leicht brennende Fußsohlen.

In anderen Situationen können diese Fragen und möglichen Antworten beispielweise helfen.

Fragen und Antworten zur Entscheidung gegen die Angst

Warum hast du Angst, eine bestimmte Sache zu machen?
   Weil dieses oder jenes passieren könnte.

Und was wäre, wenn dieses oder jenes passiert?
Andere könnten schlecht über mich denken.

Was wäre daran schlimm?
Ich habe Angst davor, verurteilt zu werden.

Was würde dann passieren?
Ich würde mich nicht gut fühlen.

Und was passiert, wenn du diese bestimmte Sache vor Angst nicht machst?
Ich würde mich nicht gut fühlen.

Du siehst: Das Ergebnis ist am Ende oft dasselbe. Spiel das gerne einmal mit konkreten Situationen durch. Also, warum nicht mutig sein und vielleicht etwas Neues, etwas Schönes erleben?

Diese Fragen mit kühlem Kopf in einer Situation der Angst und den dazugehörigen starken Reaktionen aufzudröseln, ist gar nicht so einfach. Aber die Grundlage all dieser Fragen ist eine ganz wichtige Erkenntnis:

Wir sind unserer Angst nicht hilflos ausgeliefert. Wir können eingreifen und handeln. Wir haben die Wahl, weil wir am Steuer sitzen.

Entscheidungen aus Angst

Angst ist meist kein guter Ratgeber. Denn sie beruft sich oft auf schlechte Erfahrungen aus der Vergangenheit. Natürlich können wir aus diesen auch lernen und wachsen. Aber wir sollten es vermeiden, schlechte Erfahrungen aus vergangenen Situationen einfach über vermeintlich ähnliche Situationen im Jetzt zu stülpen. Nehmen wir beispielsweise Beziehungen: Entscheide ich in einer neuen Beziehung aus den schlechten Erfahrungen einer alten, die mit einem anderen Menschen in einer ganz anderen Situation bestand, kann das die neue Beziehung gefährden. Ein klassisches Beispiel dazu ist Eifersucht aufgrund eines Vertrauensbruchs in der Vergangenheit.

Wenn wir in einer Verletzung aus der Vergangenheit bleiben, bleiben wir in ihr verhaftet. Natürlich ist es gut, aus den Fehlern der Vergangenheit zu lernen, die Angst darf sich melden. Aber die Entscheidung über das neue Handeln musst du selbst treffen. Denn Entscheidungen, die du aus dem Mut heraus triffst, deine Komfortzonen zu verlassen, sind Entscheidungen, die dich näher zu deinem Selbst bringen, deinem Herzensweg. Sie sind Entscheidungen der Fülle.

Angst ist in jedem von uns. Sie ist ein Teil von uns, der seine Daseinsberechtigung hat, der zu uns gehört, der uns schützen möchte. Aber sie darf eben nicht am Steuer sitzen, sondern auf dem Beifahrersitz.

Journaling

Beantworte möglichst spontan die folgenden Fragen. Sie können dir dabei helfen, deine Ängste zu reflektieren und besser zu verstehen.

Welche Ängste begleiten mich momentan vermehrt?

Inwiefern sind diese Ängste begründet?

Welche Emotionen – außer der Angst – löst das in mir aus, und erlaube ich es mir, sie zu fühlen?

Was würde ich ohne die Angst tun?

Was könnte im besten Fall passieren?

Lies dir noch mal deine Antworten durch. Stell dir nun vor, eine Freundin hätte dir so von ihren Ängsten erzählt. Was würdest du ihr antworten?

Feminine und maskuline Energie – Yin und Yang

Yin und Yang in jedem von uns

Wir alle tragen sie in uns: feminine und maskuline Energie – ganz unabhängig davon, welchem Gender wir uns zugehörig fühlen. Sie sind die Pole, die in uns arbeiten und sich auf wunderbare, ja fast magische Art und Weise ergänzen und zur Vollkommenheit vereinen.

Die Natur ist voll von diesen wunderbaren Gegensätzen: Ebbe und Flut, heiß und kalt, stark und sanft, hart und weich, Feuer und Wasser, Sommer und Winter – um nur ein paar von ihnen zu nennen. Und diese Polarität ist genauso in uns Menschen angelegt. Denn wir sind ein Teil der Natur, auch wenn wir das hin und wieder vergessen.

Deswegen sind beide Energien, sowohl die maskuline als auch die feminine, so wichtig für uns. In der chinesischen Philosophie werden sie als Yin und Yang bezeichnet. Dabei steht kurz gefasst Yin für die feminine und Yang für die maskuline Energie. Die beiden Energien unterstützen und ergänzen sich gegenseitig und wechselseitig. Gemeinsam bilden sie ein Ganzes, und eine Energie kann nur dann vollkommen funktionieren, wenn sie mit der anderen vereint ist.

Beide Energien tragen gesunde, aber auch verletzte und verwundete Anteile in sich. Wenn wir beide Energien in uns selbst betrachten, wenn wir uns bewusst werden, welche Teile davon gesund und welche verletzt sind, können wir sie ausbalancieren.

Aber zunächst möchte ich genauer definieren, worin feminine und maskuline Energie eigentlich besteht, damit du ein Gefühl dafür bekommst und deine eigene Energie bewusst wahrnehmen kannst.

Maskuline Energie

Die maskuline Energie (Yang) wird vor allem durch Logik gesteuert. Sie steht für das Handeln und Tun. Sie steht außerdem für Struktur, für Planung, für Strategie und für Klarheit. Unsere maskuline Energie bringt uns dazu, Entscheidungen zu treffen und in die Umsetzung zu kommen. Sie ist wichtig, denn sie hilft uns dabei, unsere Wünsche und Ziele anzugehen und konsequent umzusetzen (Disziplin).

Sie ist aktiv und dennoch geerdet. Ist unsere maskuline Energie ausbalanciert, sind wir in der Energie des Gebens und des Versorgers – ohne Zwang. Sie hilft uns dabei, gesunde Grenzen zu setzen und »Nein« zu sagen. Das Element der maskulinen Energie ist das Feuer.

Feminine Energie

Unsere feminine Energie hingegen ist der Inbegriff von Fließen. Sie bedeutet Hingabe, innere Weisheit und Leidenschaft. Feminine Energie wird dem Element Wasser zugeordnet, und genauso kannst du sie dir auch vorstellen, wie einen wunderschönen, atemberaubenden Fluss, der stetig und elegant fließt und immer in sanfter Bewegung ist.

Die feminine Energie steht für das Intuitive, für das Gefühl von Liebe und Verbundenheit, für Verletzlichkeit und Naturverbundenheit. Feminine Energie lässt die Kreativität, Fantasie und Leidenschaft in uns fließen. Sie ist dabei aber eher passiv und ruhig, denn sie ist in der Energie des Empfangens. Feminine Energie ist unsere Gefühlswelt mit all ihren Höhen und Tiefen und authentischen Emotionen.

Ein wichtiger Anteil der femininen Energie ist außerdem das Loslassen, das Loslassen von allem, was nicht unserer Essenz entspricht. Loslassen von vermeintlichen Grenzen, die von außen gesetzt wurden, und stattdessen nur auf uns selbst vertrauen. Loslassen von Geschichten, die wir uns unser ganzes Leben erzählt haben, die aber nicht wahr sind. Loslassen von Kontrolle, von Gedanken. Die weibliche Energie lässt los, da sie durch Intuition geführt wird, von unserer inneren Weisheit. Sie hilft uns dabei, intuitiv zu vertrauen und Impulse von unserer inneren Stimme zu empfangen. Feminine Energie, also das Wasser, ist der Inbegriff von Intuition.

Balance und Disbalance

Sind maskuline und feminine Energie in uns im Gleichgewicht, entsteht ein wunderschöner Tanz. Ein Tanz, bei dem Kopf und Herz tief ineinander verschlungen sind, der unsere Seele nährt, uns Ausgeglichenheit schenkt und uns in den Flow des Lebens bringt.

Oft herrscht in uns allerdings eine deutliche Disbalance der beiden Energien. Dazu können vergangene Erfahrungen, Konditionierung und Erlebnisse aus unserer Kindheit beitragen, ebenso wie aktuelle Einflüsse aus dem Außen, aus der Welt, in der wir leben, und ihren Normen und vermeintlich hohen Werten einer Leistungsgesellschaft und deren Historie.

In einer solchen Welt scheint Erfolg das Maß aller Dinge zu sein. Es geht um das Erreichen von Zielen, um Geld und konstante Leistung, um gesellschaftlichen Aufstieg, um Karriere. Nichts davon ist per se schlecht. Problematisch ist nur eine fehlende Balance.

Dazu bringt jede Energie auch ihre verletzten Anteile mit. Dominiert die maskuline Energie in uns, dominieren deshalb auch die verletzten Anteile maskuliner Energie, wie beispielsweise Machtgier, Rücksichtslosigkeit, Ellenbogenmentalität, Unterdrückung, Konkurrenzdenken und Aggressivität.

Wir erleben das nicht nur individuell, sondern auch als Kollektiv. Weil bei den meisten von uns die maskuline Energie überwiegt, entsteht auch ein kollektives Ungleichgewicht, manche nennen es Trauma – mit den Folgen, die jeder von uns bewusst oder unbewusst spürt. In dieser Umgebung, in die wir hineingeboren werden, scheinen wir den Kontakt zu unserer femininen Energie, unserer Intuition und zur Welt unserer Emotionen verloren zu haben. Und das gilt für alle Geschlechter.

Nimm es wie ein Mann!

Insbesondere Männer werden in unserer Gesellschaft meistens dazu erzogen, dass sie ihre feminine Energie, also das Fühlen, nicht im Außen zeigen sollen oder dürfen. So kann sich ein Schamgefühl entwickeln, dass sich im Erwachsenenalter vor allem in Beziehungen zeigt. Wenn wir Emotionen unterdrücken, unterdrücken wir außerdem gleichzeitig uns selbst und begeben uns in den Mangel. Emotionen sind Fülle.

Männer werden oft stark in die Rolle des Versorgers gedrängt, der Probleme alleine lösen muss, der keine Schwäche zeigen darf. Stärke ist Trumpf. Sie werden dazu regelrecht konditioniert. Das findet sich auch in Redewendungen wieder:

»Nimm es wie ein Mann.« »Indianer kennen keinen Schmerz.« »Stell dich nicht so mädchenhaft an.«

Das führt zur Dominanz maskuliner Energie, dem Unterdrücken femininer Energie und dadurch zu einem extrem belastenden inneren Konflikt. In der Konsequenz kann es sogar zu Depressionen und psychischen Krankheiten kommen. Und aufgrund von gesellschaftlich anerkannten Stereotypen wie »Männer haben keine emotionalen Probleme« wiederum werden diese Krankheitsbilder selten erkannt und behandelt. Eine Spirale, die sich um sich selbst und immer weiter nach unten dreht, wenn sie nicht durchbrochen wird. Unsere Gesellschaft, unser Umfeld, empfindet es immer noch als nicht »normal«, wenn ein Mann mit Familie nicht der Hauptversorger ist und sich lieber um das Familienleben kümmert, während seine Partnerin in ihrer Karriere vollkommen aufgeht. Ein Mann, der seine Gefühle offen zeigt und zulässt, ist immer noch eher ungewöhnlich. Zwar sind bereits Änderungen erkennbar. Der Weg, den wir gehen müssen, ist aber noch weit.

Wir alle sind Teil dieses Weges und haben die Chance, diesen Konditionierungen maskuliner Energie Schritt für Schritt ein Ende zu setzen.

Frauen verlieren die Verbindung zu ihrer Urkraft

Im Außen ist unsere Welt dominiert durch maskuline Energie, was dazu führt, dass gerade Frauen häufig in einer starken Disbalance leben. Unsere maskuline Energie bestimmt unseren Antrieb. Wir wollen uns im Job beweisen, haben Angst, stillzustehen, wollen unabhängig und selbstbewusst sein.

Wir messen unseren Selbstwert an Dingen im Außen und empfinden unsere feminine Energie unterbewusst als schwach. Wir verbinden sie mit Scham. Wie könnten wir auch anders, denn das ist ja genau das, was uns seit jeher vermittelt wird, was fest verwurzelt ist in Gesellschaft, Literatur, Medien und auch in der Politik.

Wir trauen uns nicht, Verletzlichkeit zu zeigen, weil wir Angst haben, sonst nicht ernst genommen zu werden. Wir hören Sätze und Ausdrücke wie »Heulsuse«, »Nimm nicht immer alles persönlich«, »das schwache Geschlecht«.

Jeder kennt diese Phrasen, und das ist der sichere Beweis dafür, wie tief dieses Denken in unserer Gesellschaft und damit in jedem von uns verwurzelt ist. Durch die Dominanz maskuliner Energie in unserem Leben kommt es dazu, dass wir vor allem in unserem Kopf sind, unbegründete Ängste haben, uns schwach und kraftlos fühlen. Frauen verlieren die Verbindung zu ihrer Intuition und ihrer weiblichen Urkraft.

Das Hochstapler-Syndrom

Die vermeintliche Hochstaplerin

Eine wunderbare Frau, die ich über ein halbes Jahr in einem Einzelcoaching begleiten durfte, ich nenne sie hier Sarah, arbeitete in einem mittelständischen Unternehmen. Sarah, eine unglaublich talentierte und erfolgreiche Frau, stand kurz vor einer Beförderung, auf die sie lange und hart hingearbeitet hatte. In einer unserer Coaching Sessions saß sie mir gegenüber, und ich wusste, dass etwas nicht stimmte. Ich fragte sie, was in ihr vorgehe, und sie antwortete: »Ich habe solche Angst vor dieser Beförderung, weil ich das Gefühl habe, alle werden dann sehen, dass ich eigentlich nicht an diese Position gehöre. Weil ich gar nicht gut genug dafür bin. Ich habe Angst, auch nur einen falschen Schritt zu machen oder neue Ideen vorzuschlagen.«

Als wir weiter darüber sprachen, erzählte sie mir, dass vor ein paar Monaten eine ihrer Kolleginnen in einem Meeting geweint habe. Sie war gerade von ihrem Mann verlassen worden und hatte zwei Kinder unter drei Jahren, plus ihren Vollzeitjob. Sie war fertig, sie war müde. Und auch wenn alle ihr Unterstützung anboten, wurde danach hinter ihrem Rücken gesprochen. Dieser Moment der offenen Schwäche sei Monate her, erzählte Sarah, und trotzdem würden der Kollegin keine großen Aufgaben mehr übergeben, aus der Befürchtung heraus, sie wäre diesen nicht gewachsen und könne womöglich wieder anfangen zu weinen. Sie sei eben zu emotional.

»Dabei ist sie dem allem noch so viel mehr gewachsen als andere«, betonte meine Klientin. »Nur weil sie einen Moment hatte, den wir alle haben, und ihre Gefühle geäußert hat, wird sie jetzt klein gehalten. Ich habe Angst, dass mir das auch passiert und man mich nicht mehr ernst nimmt.«

Du bist nicht alleine

Unter dem Hochstapler-Syndrom leiden vor allem Frauen sehr intensiv. Mittlerweile wird darüber zum Glück schon mehr gesprochen, und auch bekannte Persönlichkeiten erzählen von ihren Erfahrungen. Hollywood-Schauspielerin Penelope Cruz soll in einem Interview mal gesagt haben, dass sie jedes Mal, wenn sie einen neuen Film drehe, das Gefühl habe, es sei ihr erster. Sie spricht von der Angst, gefeuert und ausgetauscht zu werden.

Auch Schauspielerin Emma Watson erzählte einmal, sie habe häufig das Gefühl, jeden Moment könne jemand herausfinden, sie sei eine

Hochstaplerin und habe ihren Erfolg nicht verdient. Und sie betonte auch, dass dieses Gefühl stärker würde, je mehr Erfolg sie habe.

Dauerkampfmodus

Selbst wenn wir Erfolg haben und endlich in einer hinsichtlich der Karriere angesehenen Position sind, entspannen wir nicht und verharren in der männlichen Energie. Wir haben für diese Position so hart gearbeitet, wir haben die Verbindung zu unserer femininen Energie unterdrückt. Und nun tun wir alles, um uns und vor allem allen anderen zu beweisen: Wir haben es verdient, diesen Platz einzunehmen. Wir haben es verdient, hier zu sein. Wir befinden uns in einem Kampfmodus, als seien wir einer ständigen Bedrohung ausgesetzt. Wir selbst nehmen unseren Erfolg nicht als selbstverständlich an, sondern als etwas, das wir nur mit viel maskuliner Energie weiterhin verdienen und erhalten können.

Und deshalb gibt es so viele Frauen, Hunderttausende von Frauen, die in einer sehr angesehenen Position sind, die ein eigenes Business haben, die erfolgreich in ihrem Job sind – und sich doch jeden Tag wie eine Hochstaplerin fühlen. Aber natürlich kann es auch Männern so gehen, je nachdem, wie ihre Energien verteilt sind.

Fast jede von uns kennt es

Wie weit dieses Syndrom verbreitet ist, habe ich in den letzten Jahren während vieler Gespräche mit Frauen gemerkt. Immer wieder erfahre ich davon in meinen Coachings, aber auch im Austausch mit Freundinnen und Freunden.

Meine Freundin Kathi ist eine erfolgreiche und bei ihren Kund*innen äußerst beliebte Yoga-Lehrerin. Sie kennt das Hochstapler-Syndrom aus eigener Erfahrung und hat mir bei unserem letzten Gespräch darüber vier Sätze mitgegeben, die ich dir gerne ans Herz legen möchte.

Auch ich selbst wiederhole diese Sätze immer wieder, wenn sich das Hochstapler-Syndrom bemerkbar macht:

»Das sind meine Gedanken. Das ist meine Angst. Es sind keine Fakten. Es ist nicht die Wahrheit.«

Und so simpel das auch klingen mag, sie helfen mir jedes Mal, das Gedankenkarussell zu stoppen und wieder in meine Mitte zu finden. Und auch das Ritual am Ende dieses Kapitels kann dich dabei unterstützen, dich vor dem Hochstapler-Syndrom zu schützen.

Wie ich mich in der maskulinen Energie verloren habe

Heute kenne ich viele Methoden, mich und andere zu motivieren und auch dafür zu sorgen, dass feminine und maskuline Energie wieder in Balance kommen. Aber natürlich war das nicht immer so. Ich war ein sehr ruhiges, schüchternes und hochsensibles Kind. Es fiel mir schwer, auf Menschen zuzugehen, und ich wollte auch nie umgeben sein von vielen Menschen. Ich habe gerne Zeit alleine verbracht, war verträumt und konnte mich sehr gut mit mir selbst beschäftigen, ohne Langeweile zu bekommen. Vorgestellt wurde ich meistens als »unsere Kleine«, die jüngere, stille Tochter.

Die Schüchternheit, die Sensibilität und das ruhige Wesen wurden mir immer und immer wieder im Außen bestätigt – meistens allerdings auf eine bemitleidende, eher herablassende Art und Weise, verbunden mit der Aufforderung, doch mehr aus mir herauszukommen, weniger »empfindlich« zu sein. Und so wurde dieses Bild zu meiner Identität, die ich als Kind natürlich noch nicht hinterfragen konnte.

»Sei nicht so empfindlich!«
»Fängst du jetzt schon wieder an zu weinen?«
»Mach doch nicht so ein Drama draus!«
»Reiß dich mal ein bisschen zusammen!«
»Du musst dir mal ein dickeres Fell zulegen!«
»Lass das doch nicht immer so nah an dich rankommen!«

Ein paar dieser Sprüche kommen dir vielleicht aus deiner eigenen Kindheit bekannt vor. Auch sie sind tief verwurzelt im Wort- und Gedankenschatz unserer Gesellschaft. Natürlich meinten mein Umfeld und meine Eltern diese Sprüche niemals böse. Ich weiß, sie wollten und wollen immer nur das Beste für mich, waren besorgt und wollten mich schützen und vorbereiten auf das, was auf mich als sensible und ruhige Person in der Gesellschaft zukommen würde. Zu oft kam ich weinend aus der Schule nach Hause, weil jemand mich geärgert hatte, weil ich mich schämte oder etwas nicht hinbekam, oder einfach nur, weil ich Heimweh hatte. Heute weiß ich, dass diese Emotionen vor allem dadurch ausgelöst wurden, dass ich als hochsensible Person einfach eine andere Reizwahrnehmung hatte und habe. Meine Sensibilität wurde sehr lange Zeit – auch und besonders von mir selbst – mit Schwäche gleichgesetzt. Etwas, das ich unbedingt überspielen musste, um dazuzugehören, nicht unterzugehen und nicht verletzt zu werden.

Leistung als Wert

»Mein Selbstwert ist abhängig von der Leistung, die ich erbringe«, oder noch intensiver: »Ich werde geliebt, gesehen und anerkannt, wenn ich gute Leistung bringe«. Daraus folgt automatisch: »Ich muss mich anstrengen, um geliebt zu werden.« Das sind klassische Glaubenssätze verletzter maskuliner Energie. Schon in der Schule bekommen wir eine gehörige Portion davon ab. Denn Schule ist darauf ausgelegt, Leistungen zu bewerten, gute Leistungen zu belohnen und schlechte Leistungen zu bestrafen.

Unserer Leistung wird also schon früh in unserer Kindheit ein Wert zugeschrieben, was sich in seiner Einseitigkeit ungünstig auf eine gesunde Entwicklung auswirkt. Vor allem, wenn wir in einem Alter sind, in dem wir so stark in unserem Unterbewusstsein leben (siehe Kapitel »Das Innere Kind und seine Glaubenssätze«). Es bringt uns automatisch in die maskuline Energie mit all ihren verletzten Teilen. Die feminine Energie wird unterdrückt.

Bei mir äußerte sich diese Disbalance in einem Drang nach Kontrolle, den ich vor allem in meiner Jugend entwickelte und der letztendlich auch zu einer Essstörung führte. Dazu etwas mehr im Kapitel »Die Verbindung mit deiner Weiblichkeit«. Hier spule ich ein bisschen zu der Zeit vor, als ich mich gerade selbstständig gemacht hatte. Der Sprung in diese »Unsicherheit« war für mich als Kontrollfreak und Sicherheitsmensch extrem untypisch und kam daher für viele Menschen in meinem Umfeld unerwartet. Ich wusste, dass viele hinter meinem Rücken munkelten: »Schafft sie das? Sie ist doch so emotional und sensibel. Nicht, dass sie sich in etwas verrennt. Hoffentlich bricht sie unter dem Druck nicht zusammen.«

Der Kreislauf aus Machen, Machen und noch mal Machen

Weil ich beweisen wollte, dass ich es sehr wohl schaffen würde, kam ich irgendwann in einen Kreislauf, der aus Machen, Machen und noch mal Machen bestand. Ich musste den anderen zeigen, dass ich meine Sensibilität runterschlucken konnte, um stark zu sein. Heute weiß ich, dass gerade meine Sensibilität meine größte Stärke ist und dass ich gerade wegen dieser dorthin gekommen bin, wo ich jetzt bin. Doch damals hatte ich nur noch eins im Kopf: Ich darf nicht versagen. Ich darf nicht stillstehen. Ich muss hart arbeiten. Ich muss Geld verdienen, um Miete zu zahlen und mein Leben zu finanzieren. Und: Ich darf nicht nach Hilfe fragen, sonst wissen alle, dass ich es alleine nicht schaffe. Ich muss alles perfekt machen.

Wie du dir vorstellen kannst oder es vielleicht schon selbst erlebt hast, macht dieses toxische Mindset auf Dauer etwas mit dir. Ich habe in dieser Zeit einen großen Teil von mir unterdrückt: meine feminine Energie, meine Sensibilität, meinen kreativen Flow, ja, eigentlich meine ganze Lebensfreude. Es herrschte damals eine so starke Disbalance in mir, dass dieser Teil von mir, der Teil, der mich zu der Person macht, die ich bin, keine Chance hatte herauszukommen.

Die große Leere

In meinem Leben hatte dieser Überschuss an maskuliner Energie Konsequenzen und wirkte sich vor allem auch auf meine Paarbeziehung und meine Freundschaften aus. Ich wurde verbissen und ernst, und es fiel mir schwer, einfach loszulassen oder gar Spaß zu haben. Ich war innerlich oft vollkommen leer, konnte keine Leichtigkeit mehr spüren. Ich wurde immer gleichgültiger. Weit entfernt von meinem Herzen war ich nur noch in meinem Kopf. Dabei fühlte es sich an, als sei mein ganzer Körper betäubt. Und obwohl ich ständig im Modus des Machens war, trat ich auf der Stelle. Damals dachte ich, es läge daran, dass ich als Person, als Valerie, nicht gut genug sei, dass ich noch immer nicht genug machte. Heute weiß ich, dass meine Intuition versuchte, mir mit Händen und Füßen mitzuteilen, dass ich mich verloren hatte.

Ich hatte einen absoluten Tiefpunkt erreicht und war vollkommen ausgebrannt. Gleichzeitig kostete es mich viel Kraft, mir einzugestehen, was ich mir selbst angetan hatte.

Der Wendepunkt

Dunkle Zeiten in unserem Leben sind schmerzlich. Aber sie können uns einen Spiegel vorhalten und der Beginn eines neuen Weges sein, denn sie zwingen uns, tief in unsere Seele zu schauen, und bieten die Chance, eine weitere Schicht abzulegen, die nicht zu uns gehört.

Als ich an diesem, meinem persönlichen Tiefpunkt angelangt war, schaffte ich es gerade noch so, meine restlichen beruflichen Deadlines zu erfüllen. Danach, so schlimm es sich in den ersten zwei Wochen auch für mich anfühlte, sagte ich einen Job nach dem anderen ab, ließ mein Postfach zu und war eine Weile nur für mich.

Und dann, in der Zeit, als ich die ersten Bücher aus der kleinen Berliner Buchhandlung zum Thema Persönlichkeitsentwicklung und Achtsamkeit las, stieß ich auch auf das Thema der femininen und maskulinen Energien.

Je mehr ich darüber las und je intensiver ich recherchierte, desto größer wurde der Kloß in meinem Hals. Plötzlich ergab alles einen Sinn – ich hatte einen so großen Teil von mir versteckt, so viele Signale ignoriert, meine Intuition unterdrückt und meine weibliche Urkraft. Ich verstand aber auch, dass dieser Tiefpunkt nur ein weiterer Hinweis war, um mich auf meinen eigenen Weg zu bringen. Auf den Weg, auf dem ich lernte, die Verbindung zu meiner eigenen Weiblichkeit zu heilen und meiner Intuition zu vertrauen.

Dieser Prozess war und ist unglaublich heilsam. Mich mit meiner femininen Energie zu verbinden und sie neu zu entdecken, hat mir Freiheit und ein tiefes Gefühl der Verbundenheit mit mir selbst geschenkt – und damit auch mit anderen Menschen.

Und es berührt mich heute sehr, zu sehen, wie die Frauen, die ich durch Einzel- und Gruppencoachings begleite, in ihre eigene weibliche Energie finden, ihre innere Kraft wiederentdecken und ihre Wunden heilen.

Ritual: Pep-Talk-Journaling

Ein Ritual, das ich dir mitgeben möchte und das ich vor jedem großen Projekt, vor jedem Launch, vor jedem Interview oder Coaching – ohne Ausnahme – selbst durchführe, ist das Pep-Talk-Journaling. Es hilft dir in Situationen, in denen du dich nervös und ängstlich fühlst, in denen sich Selbstzweifel anbahnen.

Und so kann dein Ritual ablaufen

1. Schnappe dir dein Journal und schlage eine leere Doppelseite auf. Auf der ersten Seite listest du deine Ängste und die Gedanken auf, die sich gerade in deinem Kopf befinden und ihr Unwesen treiben.

Mir gibt schon alleine dieses Niederschreiben immer ein Gefühl der inneren Ruhe. Denn auf dem Blatt Papier erscheint eine Angst meist viel kleiner als in unserem Kopf.

2. Schreibe auf der zweiten Seite einen Pep-Talk (eine Mutmachrede) für dich selbst. Sei dein eigener Coach, bau dich selbst auf. Ich schreibe beispielsweise so in mein Journal: »Ich weiß, ich schaffe das. Ich weiß, ich habe so viel zu sagen und so viel zu geben. Wenn ich aus diesem Workshop gehe, werde ich mich glücklich und beseelt fühlen. Ich vertraue meiner Intuition und ich weiß, ich kann mich auf sie verlassen – denn das konnte ich immer. Ich weiß, ich schaffe das, denn ich bin stark und ich bin mutig.«

Scham

Scham ist ein Gefühl, das wir bereits in den ersten Jahren unseres Lebens wahrnehmen und zu dem jeder von uns seine ganz eigene Geschichte hat – im Laufe unseres Lebens sogar unzählige. Zur Welt kommen wir allerdings ganz ohne Scham, als kleine Wesen mit einem Licht der Unschuld. Dieses Licht wird ganz allmählich verdunkelt, und wir beginnen, uns zu schämen. Beispielsweise, weil wir Erwartungen anderer nicht erfüllen, Regeln unseres Umfelds nicht einhalten können oder ganz einfach, weil wir unseren Körper noch nicht verstehen. Wir entwickeln also schon sehr früh Schamgefühle, die immer mit einem latenten Schuldgefühl verbunden sind. In der Konsequenz lernen wir, dass es leichter ist, uns klein und unauffällig zu machen, damit bloß niemandem auffällt, wie unvollkommen wir sind. Wir dimmen also unser Licht als Schutz vor weiteren Verletzungen.

Unser schwächster Punkt mit großer Macht

Scham ist ein Gefühl, das viel stärker ist, als wir vielleicht glauben. Es geht an unseren Kern, an unsere tiefste Wahrheit, an die Wahrnehmung unseres Selbst und unseres Seins. Und deshalb ist sie so machtvoll, deshalb wird sie seit Jahrtausenden als ein Instrument genutzt, um uns an unserem schwächsten Punkt zu treffen. Weil wir außerdem nicht über sie sprechen wollen oder können, hat sie noch mehr Macht über uns.

Scham ist wie ein roter Faden, der sich durch unsere kollektive und individuelle Geschichte zieht. Gerade für uns Frauen ist Scham oft ein sehr schmerzhaftes Thema, denn wir werden in eine Welt geboren, die seit jeher die Scham dazu nutzt, um vor allem Frauen klein und leise zu halten.

Wenn wir als Kinder dazu angehalten werden, uns für ein bestimmtes Verhalten zu schämen, haben wir noch nicht die kognitiven Fähigkeiten, um das wirklich einzuordnen, also halten wir es für wahr und richtig. Wir glauben, dass mit uns etwas falsch ist, dass wir uns ändern müssen, unsere Gefühle und Emotionen verstecken sollten, weil sonst Verletzung droht.

Scham und Schuld

In unserem Zusammenleben sind Scham und Schuld oft miteinander verwoben. Diese beiden Emotionen sind jedoch im Kern sehr unterschiedlich. Bei der Schuld liegt der Fokus auf einer Verhaltensweise. Es geht um das Tun. Ein Schuldgefühl wird bei uns ausgelöst, wenn wir merken, dass wir gegen unseren eigenen ethischen Kodex verstoßen haben. Schuld hilft uns dabei, unsere Werte zu stärken, zu lernen, um Vergebung zu bitten, und aus dieser Situation zu wachsen.

Die Scham geht über das Tun hinaus. Bei ihr geht es um etwas Essenzielles: das Sein, um unser Selbst. Scham gibt uns das Gefühl, nicht genug zu sein, falsch zu sein. Damit gibt sie uns aber auch das Gefühl, dass wir keine Chance haben, etwas zu ändern, weil wir glauben, eben so zu sein. Das Einzige, was wir tun können, ist, uns zu verstecken. Wenn wir Schamgefühle in uns tragen, verweigern wir uns selbst die Möglichkeit, uns zu entfalten, weil wir uns selbst spiegeln, dass wir unvollkommen sind.

Scham macht einsam

Scham macht, dass wir uns als Außenseiter fühlen. Sie löst Einsamkeit und das Gefühl von Trennung aus. Doch wir alle sind auf die soziale Verbindung mit anderen Menschen angewiesen. Deshalb sind Schamgefühle auch oft Ursache für toxisches Verhalten in Beziehungen. Wer sich unvollkommen und falsch fühlt, will UM JEDEN PREIS gefallen, geliebt und anerkannt werden – um nicht mehr einsam zu sein. Dieses Verhalten wiederum dient dem Schamgefühl. Wir geben uns selbst zu verstehen, dass wir uns anstrengen müssen, um geliebt zu werden. Die Scham kann uns sogar suggerieren, dass wir diese Liebe eigentlich überhaupt nicht verdienen.

Scham spürt auch dein Körper

Das alles hier zu schreiben, tut mir fast körperlich weh. Es macht mich traurig, dass wir alle diese Wunden der Scham in uns tragen. Gleichzeitig bin ich auch hoffnungsvoll und zuversichtlich, da ich in den letzten Jahren nicht nur am eigenen Körper und an meiner Seele erfahren habe, was es bedeutet, Scham gehen zu lassen. Ich durfte auch viele Klient*innen auf ihrem Weg begleiten, Scham aus dem Verborgenen zu holen, ihr den Nährboden zu entziehen und sie Stück für Stück loszulassen. Die Scham gehen zu lassen, ist nicht nur emotional, sondern auch körperlich befreiend. Denn unser Körper ist der Ort, in dem diese Emotionen wie die Rillen auf einer Schallplatte eingeprägt sind.

Kleine Sätze – große Wirkung

Scham tritt sehr früh in unser Leben. Es müssen aber keine großen oder dramatischen Ereignisse in unserer Kindheit gewesen sein, die das Gefühl von Scham in uns wecken. Meistens sind es eher die kleinen Sätze, die sich ständig wiederholen, bis sie sich irgendwann in unsere Identität schleichen und manifestieren.

»Das ist aber nicht sehr ladylike.«
»Sei nicht so anhänglich.«
»Sei nicht so ein Sensibelchen.«
»Darüber spricht man nicht.«
»Das fragt man nicht.«

»Das ist peinlich.«
»Das tun keine feinen Mädchen.«
»Schäm dich!«

Das mögen vielleicht Sätze sein, über die manche von uns heute lächeln können – aber als Kind oder Teenager? Und diese Sätze sind nur ein Bruchteil davon, wie unser Umfeld unsere Scham füttern kann und den Rucksack der Scham für uns immer schwerer werden lässt.

Scham und Sinnlichkeit

Bereits als kleine Kinder integrieren wir also Scham als Teil unserer Identität. In der Jugend stellen wir dann fest, dass wir unsere Sinnlichkeit nicht nach außen zeigen dürfen, weil gerade junge Frauen dann schnell als »billig« gelten, als allzu freizügig, als »schamlos«. Als etwas Minderwertiges und Beschmutztes. Wenn ihre Körper anfangen, sich zu verändern, versuchen viele junge Frauen daher, sich zu verstecken und es zu verheimlichen, so gut es geht – zu groß ist die Angst vor Spott.

Unsere natürliche Sinnlichkeit wird damit beschmutzt, und wir entfernen uns von unseren Körpern. Das, was unsere weibliche Energie ausmacht, das Intuitive, das Fließen – wird sexualisiert. Unser Körper wird sexualisiert und damit Scham einprogrammiert.

Wenn wir uns stattdessen in unserem Körper wohlfühlen und das nach außen zeigen, bekommen wir häufig die Rückmeldung, wir seien arrogant und eingebildet. In dieser so verletzlichen Phase des Erwachsenwerdens bekommen wir also alle möglichen Signale, und keines davon ist so richtig eindeutig. Das führt dazu, dass wir Angst haben, etwas falsch zu machen, abgelehnt zu werden, uns zu blamieren. Wir schämen uns. Und so verstecken wir uns und geben der Scham das, was sie unbedingt braucht, um unentdeckt zu wachsen: Schweigen, Geheimhaltung.

Graue Mäuse tanzen nicht aus der Norm

Erwachsen werden bedeutet, immer wieder große und bedeutsame Lebensentscheidungen zu treffen. Und auch hier ist die Versuchung groß, sich in Boxen quetschen zu lassen, die unser Umfeld für uns vorgesehen hat. Denn wir sehnen uns nach Akzeptanz, nach Anerkennung und Wertschätzung. Und die, so glauben wir, bekommen wir vor allem, wenn wir nicht auffallen, wenn wir nicht aus der Reihe tanzen.

Wir trauen uns nicht zu sagen, was wir wirklich wollen, um nicht gierig oder hochnäsig zu erscheinen. Denn das gehört sich nicht. Wir wären dann vielleicht zu laut, zu emotional, zu männlich, zu weiblich, zu stark, zu schwach, immer *zu* viel von irgendetwas. Wir haben gelernt, uns dafür zu schämen, zu viel zu wollen. Also entscheiden wir uns lieber für den Weg, auf dem wir klein bleiben können, nicht gesehen werden und damit scheinbar sicherer sind. Wir entscheiden uns dazu, »graue Mäuse« zu sein.

Wir sind darauf konditioniert, Scham mit sehr unangenehmen Gefühlen, mit emotionalem Schmerz zu verbinden. Deshalb will uns unser Unterbewusstsein so dringend vor der Scham schützen. Wir können unser Unterbewusstsein beruhigen, indem wir diese Konditionierung bewusst wahrnehmen, uns mit unserer eigenen Scham-Geschichte beschäftigen und sie identifizieren.

Scham loslassen

Journaling

Überlege dir mithilfe der folgenden Fragen, wann und wie Scham dein Leben und deine Entscheidungen beeinflusst.
Wo habe ich Scham zum ersten Mal empfunden?
Wo taucht sie immer noch in meinem Leben auf?
Welche Dinge habe ich nicht gesagt, weil ich mich geschämt habe?
Welche Dinge habe ich nicht getan, weil ich mich geschämt habe?

Trauer ist der Beginn einer neuen Ära

Als ich selbst anfing, mir diese Fragen zu stellen, habe ich unzählige Tränen vergossen. Ich habe um die Möglichkeiten getrauert, die ich verpasst habe, um Sätze geweint, die ich nicht ausgesprochen habe – aus Angst, mich dafür schämen zu müssen. Wenn es dir auch so geht, ist das vollkommen in Ordnung. Es ist in Ordnung, um all diese Situationen und nicht ausgesprochenen Worte zu trauern. Denn diese Trauer ist der Moment, in dem du diesem Schamgefühl ein Ende setzen und eine neue Ära beginnen kannst. Das Fühlen, das Wahrnehmen der Scham und das Trauern sind Teil des Prozesses des Loslassens. Du legst damit deine Scham offen und nimmst ihr die Dunkelheit.

Der Königsweg ist es, den Mut zu finden, über unsere Scham zu sprechen. Nicht nur für uns, sondern auch für unser Umfeld und alle Generationen, die nach uns kommen. Sobald wir anfangen, der Scham Worte zu geben, nehmen wir ihr die Kraft.

Die Scham von der eigenen Person trennen

Eine weitere bewährte Methode, Scham loszulassen, besteht darin, unseren eigenen inneren Dialog wahrzunehmen und zu verändern. Wir können lernen, die Scham von unserer Person zu trennen. Oft sitzt die Scham schon so lange und so tief in uns, dass wir sie zu einem Teil unserer Identität gemacht haben. Doch das ist sie ganz und gar nicht. Sie ist eine Emotion, die nicht zu unserem Sein gehört. Ich kann beispielsweise einen Unterschied herbeiführen, indem ich den Satz »Ich bin peinlich« umformuliere in: »Ich fühle mich peinlich berührt«. Kleine Änderung, große Wirkung und ein Wechsel der Perspektive.

Wir können nicht resistent gegen Scham werden, aber wir können Resilienz gegen Scham entwickeln und uns so selbst mehr Raum für Selbstakzeptanz, Mitgefühl und Liebe schaffen.

Schäm dich nicht, weil du dich schämst. Lerne daraus und wachse!

Die Verbindung zu deiner Weiblichkeit heilen

In jeder von uns lebt eine innere Göttin. Sie ist nicht »entweder-oder«. Sie ist alles: stark, selbstbewusst, soft, mitfühlend, leidenschaftlich, zyklisch, still, laut, spirituell, smart, sexy, intuitiv und noch so vieles mehr. Sie ist Liebe, sie ist Vertrauen, sie ist Vollkommenheit.

Deine innere Göttin will gesehen werden

Es ist nicht einfach, in dieser Welt eine starke Frau zu sein. Wir haben Angst, andere mit unserer Stärke abzuschrecken. Unsere (starken) Gefühle verstecken wir oft, denn wir haben gelernt, sie könnten schnell »too much« sein. Wir machen uns klein, weil so viele Frauen, zu viele Frauen, dafür verurteilt werden, wenn sie den Wunsch dazu äußern, mehr zu wollen – mehr für sich, mehr für ihre Familien, einfach mehr. Zu oft werden wir dann als oberflächlich, gierig, egoistisch oder undankbar verurteilt. Und zwar nicht nur durch andere Gender, sondern auch durch andere Frauen. Denn vor allem wir Frauen untereinander haben eine tiefe Wunde des Vergleichens, des Wettbewerbs und der Verurteilung. Dazu komme ich später im Kapitel »Die Sisterhood Wound«.

Das größte Geschenk an dich selbst

Doch wir sind hier in dieser Zeit, um das zu ändern, um die innere Göttin in uns wieder zum Leben zu erwecken. Deine innere Göttin zu verkörpern bedeutet, gesundes Selbstbewusstsein zu entwickeln, nicht mehr alles einfach hinzunehmen, wie es ist, sondern zu sehen, wie es sein könnte. Das bedeutet, »Nein« zu sagen zu den Dingen, die unserer Vision entgegenstehen. Es bedeutet, unsere weibliche Energie zu spüren, mit allen Fasern unseres Körpers. Es bedeutet Leidenschaft, Freude, Lebensenergie und vor allem eins: Erfüllung.

Deine innere Göttin zu leben, ist das größte Geschenk, das du dir selbst, den Menschen um dich herum, der Gesellschaft und der Welt machen kannst. Denn das Licht, mit dem du leuchtest, heilt nicht nur dich, sondern auch die Menschen um dich herum.

Durch äußere Einflüsse haben wir die Verbindung zu unserer inneren Göttin mehr und mehr verloren. Wir haben sie sogar vergessen – so, wie wir auch vergessen haben, was Weiblichkeit wirklich bedeutet.

Weiblichkeit ist eine ganz eigene Welt

Oft wird Weiblichkeit mit Feminismus und dem Kampf für Frauenrechte verwechselt oder zumindest gedanklich ähnlich besetzt. Nicht, dass Feminismus schlecht wäre – im Gegenteil. Aber ich spreche hier von Weiblichkeit in einem ganz anderen Sinne – zur Überraschung vieler Menschen um mich herum. Weiblichkeit ist eine eigene Welt, die darauf wartet, von uns wieder entdeckt und erforscht zu werden. Sind wir nicht mit unserer Weiblichkeit verbunden, verlieren wir die Verbindung zu unserer inneren Kraft, unserem Potenzial und unserer inneren Weisheit.

Während früher die alten, weisen Frauen ihr Wissen an die neuen Generationen der Familie weitergegeben haben, ist unsere Generation viel ratloser. Der Begriff »Weiblichkeit« kommt uns vage vor, wenn wir ihn nicht sogar als irgendwie fremd oder altmodisch empfinden.

Wir nehmen auch unser zyklisches Wesen nicht gebührend wahr, finden es im schlimmsten Fall lästig und beschämend – so ging es mir selbst lange Zeit – und schenken unserer (physischen) Weiblichkeit und den damit verbundenen, wunderbaren Zusammenhängen kaum größere Beachtung. Wir ignorieren so Teile unserer eigenen Natur.

Den Weg für alle Frauen gehen

Die Verbindung zu unserer Weiblichkeit zu heilen, ist kein Weg, den wir nur für uns gehen. Es ist ein Weg, den wir für die Frauen vor uns gehen, für unsere Mütter, unsere Großmütter und all die Frauen in unserer Ahnenlinie, die keine Stimme hatten, die nicht den Zugang zu Aufklärung und die Möglichkeiten hatten, die sich uns heute bieten.

Es ist ein Weg, den wir für unsere Töchter und auch Söhne gehen und für deren Kinder. Wir gehen diesen Weg für alle Frauen, die in Teilen der Welt leben, in denen sie nicht die Ersten sein können, sondern UNS brauchen, um die ersten Schritte zu gehen.

Du bist ein so wichtiger Teil der Geschichte, und deine Heilung hat so viel mehr Bedeutung, als du denkst.

In dieser Welt, in der die feminine Energie – in allen Gender – systematisch unterdrückt wird, in der die Themen Scham und Weiblichkeit so nahe zusammen liegen, dass Scham zu einem Grundgefühl und einem Teil unserer femininen Lebenserfahrung wird, ist es kein Wunder, dass wir unserer inneren, femininen Stimme nicht vertrauen. Dass wir sie sogar wegstoßen und es uns zur Gewohnheit wird, uns selbst zu verstecken, kleinzumachen.

Das volle Potenzial der Weiblichkeit

Sich dem weiblichen Geschlecht zugehörig zu fühlen oder seine Weiblichkeit auszuleben und in das volle Potenzial unserer femininen Energie zu treten, sind zwei unterschiedliche Dinge. In den letzten Jahrhunderten, wenn nicht Jahrtausenden, wurde Weiblichkeit vor allem mit Schwäche, Naivität, Abhängigkeit, Empfindlichkeit und Aufopferung assoziiert. Das führte dazu, dass die Verbindung von Weiblichkeit mit diesen Begriffen inzwischen in der Gesellschaft meist als Tatsachen, als Wahrheiten hingenommen werden. Akzeptieren auch wir sie als Wahrheiten, berauben wir uns damit unserer eigenen Kraft.

Ich möchte dir zeigen, dass diese kraftvolle, kreative und wunderschöne Quelle der femininen Energie in dir existiert. Vielleicht gab es Momente in deinem Leben, in denen du sie kurz gespürt hast, vielleicht hast du sie auch noch nie gespürt. Ganz egal – sie ist da. Und sie ist nicht nur da, um zu existieren, sie ist da, um dich dabei zu unterstützen, dein inneres Feuer wahrzunehmen, dich mit ihr zu verbinden und sie dafür zu nutzen, dir ein Leben zu schaffen, das auf DEINEN Wünschen und Werten beruht.

Weiblichkeit ist Lebensenergie

Ich erlebe es bei meinen Workshops und Kursen häufig, dass Weiblichkeit zuerst als Sexualität definiert wird – und damit auch als etwas, das hinter verschlossenen Türen passiert. Diese Assoziation wird durch Schamgefühl ausgelöst. Es ist die Gesellschaft, die Weiblichkeit sexualisiert hat, sie auf unsere Geschlechtsorgane reduziert hat. Aber Weiblichkeit ist so viel mehr, als uns diese einseitige und vereinfachte Definition glauben lassen möchte. Und sie hat so viel mehr Kraft, als wir ahnen.

Weiblichkeit ist unsere Lebensenergie, sie ist der Ursprung von allem. Vor allem aber ist sie der Ort, an dem unsere Intuition fließt, die Quelle unserer inneren Stimme und das Zentrum unserer inneren Weisheit.

Eine ganz neue Welt

Für mich tat sich, als ich etwa Mitte zwanzig war, durch den Zugang zu meiner Weiblichkeit eine ganz neue Welt auf. Eine Welt, zu der ich seit meiner Geburt gehört, von der ich aber erst 26 Jahre später erfahren hatte. Als ich diese Welt entdeckte, war ich völlig perplex und gleichzeitig regelrecht geschockt, dass ich erst so spät anfing, Fragen dazu zu stellen, und erst so spät sah, was die ganze Zeit vor meiner Nase gewesen war. Doch als ich mich umsah, stellte ich fest, dass es nicht nur mir so ging. Der Mehrheit der Frauen, die ich kannte, unabhängig von Alter und Umständen, ging es genauso.

Der weibliche Zyklus – wunderschön und überwältigend

Meine erste tiefe Berührung mit dem Thema Weiblichkeit hatte ich, als ich die hormonelle Verhütung absetzte und das erste Mal in meinem Leben meinen Zyklus wirklich bewusst spürte. Das fühlte sich einerseits fremd und beängstigend an – denn ich gab ja, im wahrsten Sinne des Wortes, die Kontrolle ab. Andererseits war es einfach wunderschön und überwältigend, meinen Körper zu spüren und all das zu erleben, was ich seit meiner Jugend unterdrückt hatte. Was ich vorher als lästig, beschämend und störend empfand, war nun etwas, was mich stärkte, mich neugierig machte und mein Bewusstsein erweiterte. Ich spürte die spirituelle Verbindung zu mir selbst so intensiv wie noch nie. Und mir war klar: Da gibt es noch so viel mehr zu entdecken.

Als ich mich intensiver mit dem Thema Zyklus beschäftigte, stieß ich auf Rituale verschiedener Kulturen, wobei mir zwei besonders im Gedächtnis blieben:

Die Mitglieder eines indigenen Volkes aus Kalifornien betrachten die Menstruation als die größte Kraft einer Frau. Bei ihnen zieht sich die Frau in dieser Zeit zurück und legt ihren vollen Fokus auf Meditation und spirituelle Weiterentwicklung. Nach ihrer Menstruation kehrt sie zurück zur Gemeinschaft und teilt ihre Erkenntnisse. Basierend auf diesen Erkenntnissen werden dann oft Entscheidungen getroffen, die das gesamte Leben in der Gemeinschaft betreffen. Die Gemeinschaft vertraut auf die Weisheit der Frau.

Bei anderen nordamerikanischen Indigenen werden Mütter, Großmütter, Tanten, Freundinnen und weibliche Verwandte, kurz nachdem ein Mädchen seine erste Menstruation hatte, zu einem Fest eingeladen. Das Mädchen bekommt an diesem Tag einen Ring mit einem roten Stein geschenkt.

Ein Thema, über das man nicht spricht

Als ich das las, war ich hin und weg. Ich überlegte, wie es eigentlich war, als ich meine erste Periode bekam. Ich kann mich noch ganz genau an diesen Tag erinnern. Ich war zwölf Jahre alt, es war ein Samstagmorgen, die Sonne schien, und ich lief in meinem Nachthemd runter ins Wohnzimmer und legte mich auf den Teppich, um mit unserem Hund zu kuscheln. Meine Mutter saß am Frühstückstisch, blickte mich plötzlich verdutzt hat und meinte dann, ich solle mal hoch ins Badezimmer gehen und in meine Unterhose schauen. Ich rannte ins Badezimmer, sah das Blut und schämte mich. Ich fing an zu weinen und ging wieder zu meiner Mutter. Sie nahm mich in den Arm, erklärte mir, dass alles gut sei und ich keine Angst zu haben bräuchte. Sie zeigte mir Binden und Tampons, machte mir eine Wärmflasche, und ich durfte mich hinlegen.

Ich weiß noch, dass ich eigentlich so viele Fragen hatte, die ich mich aber nicht zu stellen traute. Meine Mutter ging nicht weiter auf das alles ein. Es war kein Thema, über das man redete. Ich mache ihr da keinen Vorwurf, denn sie tat genau das, was sie von ihrer Mutter gelernt hatte, und meine Großmutter wiederum hatte das getan, was sie von ihrer Mutter gelernt hatte. Dieses Verhalten zieht sich bei den meisten von uns durch die Ahnenlinie.

Wir alle können der Beginn der Heilung sein

Manchmal trauere ich um all die Frauen, inklusive mich selbst, die in ihrer Jugend so viel Scham in sich trugen und es heute noch tun. Doch ich weiß auch, dass wir heute an einem Punkt in der Geschichte sind, der etwas ganz Besonderes sein kann. Wir alle können jetzt ein Teil des Beginns der Heilung sein.

Als ich damals von den indigenen Völkern las, schrieb ich in mein Tagebuch, dass ich meiner zukünftigen Tochter bei ihrem ersten Zyklus einen wunderschönen Ring kaufen würde, mit einem roten Stein, der sie von da an immer an ihre unglaubliche weibliche Kraft erinnern sollte. Ich malte mir aus, wie ich mit ihr für ein paar Tage ans Meer fahren würde, nur wir beide, um ihr all mein Wissen und meine Erfahrungen weiterzugeben und ihr Raum zu lassen, all ihre Fragen zu stellen. Sodass ich ihre Ängste und Sorgen lindern könnte, und vor allem, um sie und ihre Einzigartigkeit zu feiern und wertzuschätzen. So wie ich und Millionen von anderen Frauen es nie erfahren haben.

Zyklusbewusstsein

Wenn wir mehr Bewusstsein in unseren Menstruationszyklus bringen, geben wir uns selbst die Chance, unseren Körper neu kennenzulernen, ihn besser zu verstehen und seine Bedürfnisse wahrzunehmen. Unser Zyklus ist ein wichtiger Teil unseres Seins und hat einen großen und bedeutenden Einfluss auf unser Wesen und unser Wohlbefinden. Wir alle sind zyklische Wesen. Indem wir im Einklang mit unserem Menstruationszyklus leben, leben wir intuitiver und bewusster. Wir lernen dadurch, wieder auf unsere innere Stimme zu hören, ihr und unserem Körper zu vertrauen.

Eine Methode, die mir sehr dabei hilft, mich achtsamer mit meinem Zyklus zu verbinden, ist das bewusste Wahrnehmen der vier Jahreszeiten des Menstruationszyklus. Mittlerweile ist dieses Konzept so sehr in mein Leben eingebunden, dass ich sowohl mein Privat- als auch mein Berufsleben danach ausrichte. Seitdem hat sich so vieles verändert, und auch wenn sich die Zyklen von Frau zu Frau unterscheiden, möchte ich dir erzählen, welche positiven Effekte Zyklusbewusstsein auf mich hatte:

Ich habe schon seit meiner Jugend sehr starke Periodenschmerzen und probierte dagegen unzählige Methoden und auch Medikamente aus. Seitdem ich nach meinem Zyklus lebe, werden meine Periodenschmerzen immer weniger, und seit einem halben Jahr habe ich so gut wie keine Schmerzen mehr, nur ein dumpfes Drücken.

Das klingt wahrscheinlich komisch, aber mittlerweile freue ich mich auf meine Periode. Es ist eine Zeit, in der ich mir Raum für mich gebe, für meine Bedürfnisse und meine spirituelle Verbindung. Während meiner Periode bin ich intensiv mit meiner Kreativität verbunden und liebe es, sie auszuleben und Neues zu schaffen.

Ich passe auch mein berufliches Leben der Zyklusjahreszeit an und lege meine Workshops immer in den Frühling und Sommer meines Zyklus (siehe unten), wenn ich mich extrovertiert, offen und energiegeladen fühle. Das hat für mich einen großen Unterschied gemacht.

Ich nehme seitdem die Signale meines Körpers um einiges intensiver wahr und kann ihm somit das geben, was er gerade braucht. Ich schätze ihn viel mehr wert als zuvor und empfinde täglich Dankbarkeit für das, was er für mich tut.

Die Jahreszeiten

Der Winter: Tag 1–7

Kurz bevor die Periode beginnt, und auch teilweise während der Periode, fühlen wir uns häufig sehr emotional und schwer. In dieser Phase verbraucht unser Körper viel Energie, und unser Hormonspiegel ist niedrig. Unser Körper verlangt oftmals nach Ruhe und Geborgenheit. In der hektischen Welt, in der wir leben, versuchen wir diese Bedürfnisse in den Hintergrund zu stellen und uns selbst zu erzählen, wir hätten dafür jetzt keine Zeit oder sollten uns nicht so anstellen. Doch genau in diesen Bedürfnissen liegt die Kraft der Verbundenheit mit der Stimme unserer Intuition. Unser Körper bittet uns um das, was er braucht, um zu funktionieren, um uns mental und physisch bestmöglich zu versorgen. Diesen Bedürfnissen nachzugehen, ist gelebte Selbstliebe, die mit Harmonie und Energie belohnt wird. In dieser Zeit sind wir sehr stark mit unserer femininen Energie und unserer Spiritualität verbunden.

Der Frühling: Tag 6–13

Der Frühling folgt direkt nach unserer Periode. Hier steigt unser Östrogenspiegel schon langsam an. Viele Frauen, inklusive mir, fühlen sich in der

Frühlingsphase des Menstruationszyklus energiegeladen, voller Tatendrang und allgemein ausgeglichener. Die Lust zu Unternehmungen steigt, unsere Energie hält länger, und wir haben generell mehr Lust, unter Leuten zu sein.

Der Sommer: Tag 10–22

Nach dem Frühling folgt der Sommer – unser Eisprung. In dieser Phase verdoppelt sich das Hormon Östrogen in unserem Körper. Das Verlangen nach Nähe, Liebe und Sexualität steigt. Die Natur hat das sehr geschickt gemacht, denn das ist auch die Zeit, in der die Frau am fruchtbarsten ist. Im Sommer unseres Zyklus fühlen wir uns am attraktivsten und am selbstsichersten.

Der Herbst: Tag 23–35

In dieser Phase fahren wir wieder runter. Alles wird etwas ruhiger, und auch unsere Energie wird introvertierter. Wie in der Natur ist der Herbst eine Zeit, um loszulassen und uns der Verbindung mit unserer Intuition zu widmen.

Mittlerweile gibt es tolle Apps, mit denen du deinen Zyklus tracken kannst. Sie schicken dir auch achtsame Erinnerungen und Tipps für die einzelnen Phasen.

Für mich ist Zyklusbewusstsein ein Teil meiner Selbstliebe-Praxis geworden, den ich nicht mehr missen möchte.

Vom Kopf ins Herz

Weibliche Energie, ganz unabhängig von Gender oder Geschlecht, steht für unsere Emotionalität und die Welt des Fühlens. Das habe ich bereits geschildert. Ich möchte hier aber nochmals darauf eingehen. Je mehr wir uns vom Fühlen entfernen, desto weniger Liebe, Freude, Wertschätzung, Mitgefühl, Traurigkeit und Wut können wir empfinden. Je mehr wir uns vom Fühlen entfernen, desto mehr gehen wir in die Taubheit. Es ist die Unterdrückung unserer Seele, unseres Selbst.

Da Emotionalität oft mit Schwäche gleichgesetzt wird, bewegen wir uns gerne weg von dieser femininen Energie. Dabei ist Emotionalität genau das Gegenteil von Schwäche. Sie macht uns stark, weil sie uns Menschen erlaubt, (mit) zu fühlen, sie schafft Verbindungen, Gemeinschaft. Sie ermöglicht Veränderung und Austausch miteinander, einfach all das, was ein Menschenleben ausmacht. Wenn wir unsere weibliche Energie und damit unser Fühlen und Empfinden unterdrücken, sind wir überwiegend in unserem Kopf. Wir vertrauen unserem logischen Verstand und entfernen uns von unserem Herzen, unserer Intuition.

Gib dir die Erlaubnis zu fühlen

Um dich wieder mit deiner Weiblichkeit zu verbinden, ist daher nichts wichtiger, als dir selbst wieder die Erlaubnis zu geben, zu fühlen und deine Emotionen freizulassen. Vielleicht möchtest du das ganz für dich machen, vielleicht öffnest du dich einer Freundin, einer Mentorin oder in einem Frauenkreis.

Ganz egal, wie du damit anfängst, in dem Moment, in dem du aufhörst, deine Gefühle ganz weit hinten im Schrank zu verstecken, und anfängst, sie stattdessen anzusehen, ohne zu urteilen, beginnt die Heilung deiner weiblichen Energie. In diesem Moment stellst du die Verbindung zu deiner tiefen spirituellen Essenz her.

Jedes Gefühl, das du fühlst, ist eine direkte Botschaft deiner inneren Stimme, die dir entweder sagt, dass etwas im Einklang mit dir und deinen Werten ist oder dass es einen Konflikt gibt. Jedes Gefühl ist wie eine Beraterin, die dir ständig zur Seite steht und dir Antworten gibt. Nur haben wir verlernt, diesen Beraterinnen zuzuhören, ihnen zu vertrauen oder manchmal auch, sie überhaupt wahrzunehmen.

Unterdrückte Energie findet ihren Weg

Doch unsere Gedanken und Gefühle sind, so wie wir, Energie, die ständig in Bewegung ist. Diese Energie in uns kann niemals mehr oder weniger werden, sie kann sich nicht auflösen und weggehen. Sie kann transformiert, verformt und verändert werden – aber sie wird nicht verschwinden.

Außerdem ist die Energie in uns ständig im Fluss. Das ist ihre Natur. Wenn wir Gefühle unterdrücken und verdrängen, verschwinden sie nicht, aber sie bilden eine Blockade in diesem Fluss, diesem Flow. Sie stauen sich auf. Und je länger wir sie ignorieren, desto größer wird der Stau, die Blockade – die sich häufig in physischen Beschwerden manifestiert.

Geist und Körper

Wie heftig die physischen Auswirkungen des Ignorierens sein können, habe ich selbst vor ein paar Jahren erfahren. Ich besuchte an diesem Tag meine Mentorin auf Bali. Sie bemerkte, schon bald nachdem wir mit einer Meditation begonnen hatten, dass sie eine große Schwere in mir spüren würde, und fragte, woher diese käme. Ich sagte ihr, dass ich gerade viele Termine und Stress hätte, dass ich mich überfordert fühlte und es wohl daran läge. Sie schüttelte den Kopf und meinte: »Das sagt dir dein Verstand. Was sagt dein Herz?«

Wir gingen tiefer, mit Breathwork und Unterbewusstseinsarbeit. Und wieder sah sie mich an und fragte: »Bist du dir sicher, dass es an der Arbeit liegt? Ich nenne dir jetzt einfach mal ein paar Themen und Lebensbereiche.«

Als sie zum Begriff »Partnerschaft« kam, wurde mir plötzlich heiß. Mein Herz schlug schneller, ich fing an zu zittern, und für einen kurzen Moment wurde mir schwarz vor Augen. Und ohne dass ich es kontrollieren konnte, fing ich an, laut zu schluchzen. Ich fühlte, wie dadurch eine Lawine in Bewegung geriet. Ich versuchte, mir den Mund zuzuhalten, um mein lautes Schluchzen zu stoppen. So einen Kontrollverlust über meinen Körper hatte ich noch nie zuvor erlebt. Es war ein Schock für mich.

Nach der Session fuhr ich auf meinem Roller nach Hause. Es war erst 13 Uhr, aber ich fiel todmüde ins Bett und schlief bis zum nächsten Tag durch. In den nächsten Tagen verstand ich erst wirklich, was ich meiner Seele und meinem Körper angetan hatte, indem ich so viele meiner Gefühle zurückgehalten hatte, aus Angst, sie vor mir und meinem Partner zuzugeben, mich mit ihnen auseinanderzusetzen. Jetzt, da der Damm gebrochen war – und ich mit meinem Partner ein radikal ehrliches Gespräch geführt hatte, ohne das wir heute sicher nicht mehr zusammen wären –, fühlte ich mich 80 Kilo leichter als vorher. Damals wurde mir klar, welche unglaubliche Macht unser Geist über uns und unseren Körper hat.

Die Wertschätzung des eigenen Körpers

Wann hast du deinen Körper das letzte Mal wirklich angesehen? Ihn achtsam wahrgenommen? Ihn wertgeschätzt? Was unser Äußerliches angeht, sind wir schnell in einer Schleife aus Urteilen:
»O Mensch, wie seh ich denn heute aus!«
»Man sieht, dass ich seit Wochen keinen Sport gemacht habe!«
»Toll, schon wieder Pickel!«
»Oje, bin ich blass!«
»Meine Augenbrauen müsste ich auch mal wieder zupfen.«
»Ich wünschte, mein Bauch wäre flacher!«
»Ich wünschte, mein Po wäre knackiger!«

Solche und viele weitere Sätze denken wir leider weitaus häufiger als:
»Wow, meine Haare sehen heute sooo schön aus!«
»Ich liebe meine Figur!«
»Ich bin dankbar für meinen Körper!«
»Ich mag meine Haut!«

»Ich mag meinen Po, meinen Bauch!«
»Ich finde meine Augen schön!«

Wenn es darum geht, zu beschreiben, was wir an anderen Frauen schön finden, sprudelt es nur so aus uns heraus. Unser Selbstbild dagegen ist verzerrt und die Beziehung zu unserem Körper oft eine Hassliebe.

Gestörte Selbstwahrnehmung

Auch mir ging es lange so, sehr lange. Es ist mir wahnsinnig schwergefallen, mir und meinem Körper gegenüber mitfühlend und liebevoll zu sein, mich selbst anzunehmen und wertzuschätzen. Ich würde sogar sagen, es fühlte sich für mich unmöglich an.

Als Teenager habe ich meinen Körper regelrecht gehasst. Ich habe ihn hungern lassen, geweint, wenn ich in den Spiegel gesehen habe, und so viel Scham empfunden. Ich war jahrelang in einer Essstörung gefangen, konnte es aber nicht sehen, weil ich mich zu dick gefühlt habe. Das alles hatte natürlich nichts mit mir und meinem Gewicht zu tun, sondern mit einem geringen Selbstwertgefühl und dem Glaubenssatz: »Ich bin nicht genug.« In mir war der Wunsch, mich aufzulösen, nicht mehr sichtbar zu sein. Einfach zu verschwinden.

Wenn ich heute Bilder von mir aus dieser Zeit sehe, erschrecke ich jedes Mal wieder, wie völlig absurd meine Selbstwahrnehmung war. Am liebsten würde ich noch mal zurückgehen, mich selbst in den Arm nehmen und meinem jüngeren Ich zeigen, wie einzigartig unsere Körper sind und wie unglaublich schön jede und jeder von uns auf ihre und seine Weise ist. Zeigen, dass wir mehr als unsere Körper sind. So viel mehr.

Damals lebte ich vollkommen im Außen. Mein größter Wunsch war es, nicht ich sein zu müssen. Ich verglich mich so sehr mit anderen, dass ich irgendwann nicht mehr wusste, wer ich eigentlich selbst bin.

Wie ich die Verbundenheit zu meinem Körper fand

Letztendlich sind aus diesen Tiefpunkten viele meiner heutigen Stärken entstanden. Aber es war ein langer Weg.

Schritt für Schritt habe ich eine Verbindung zu meinem Körper aufgebaut, die pur, echt, mitfühlend und liebevoll ist. Das war für mich nur möglich, weil ich mich beispielsweise im Hellen vor den Spiegel gestellt, meinen Körper angesehen und zugelassen habe, dass Emotionen hochkommen, und sie wirklich wahrgenommen habe.

Wichtig ist dabei: Sich vor den Spiegel zu stellen und 50-mal »Ich bin schön« zu wiederholen, ist nicht die Lösung und führt nur zu mehr Frustration. Ich habe zwar damit angefangen, mich jeden Tag vor den Spiegel zu stellen. Dabei ging es aber darum, meinem Körper echte Wertschätzung zu schenken, Dankbarkeit zu empfinden und das Mitgefühl für mich selbst zu stärken. Das mache ich bis heute so und mittlerweile ganz automatisch, es ist zu einer Gewohnheit geworden, die mich zur Selbstliebe geführt hat. Auch wenn ich es früher nicht für möglich gehalten hätte, kann ich meinem Spiegelbild mittlerweile sagen, dass ich mich liebe. Ich liebe meinen Körper, mein Wesen. Ich liebe mich.

»Ich liebe mich«

Warum fühlt es sich so komisch an, das zu sagen? »Ich liebe mich!« Ist es nicht verrückt, dass wir uns mit diesen drei kurzen Wörten so schwertun? Das liegt vor allem daran, dass dieser Akt – uns selbst in die Augen zu sehen – pure Intimität ist. Wenn wir uns selbst in die Augen sehen, können wir uns nicht mehr verstecken. Wir sehen hin – sehen die Menschlichkeit, die Verletzlichkeit. Weil wir aber darauf trainiert sind, die Fehler zu suchen und zu finden, suchen wir auch bei uns nach ihnen. Deswegen ist es leicht, in den Spiegel zu sehen und unsere Imperfektionen zu sehen, anstatt unsere Einzigartigkeit zu erfahren. Doch dieses Verhalten können wir uns abtrainieren.

Spiegelarbeit

Lerne mit dieser Übung, deinen Körper wertzuschätzen.

Und so kannst du vorgehen

- Benenne, immer wenn du in einen Spiegel siehst, eine Sache, für die du deinem Körper dankbar bist. Lass Liebe und Mitgefühl für deinen Körper in dir wachsen. Sieh dich selbst aus der Sicht eines Menschen, der dich liebt, genauso, wie du bist. Wässere und nähre den Samen der Selbstliebe mit jedem liebevollen Blick in den Spiegel.

Seit ich die Spiegelarbeit in mein Leben integriert habe, hat sich meine Beziehung zu meinem Körper sehr verändert. Wir kämpfen jetzt nicht mehr gegeneinander. Wir sind eine Einheit. Ich kümmere mich um ihn, und er kümmert sich um mich. Wir sind eins. Ich höre auf ihn und er auf mich. Ich liebe meinen Körper. Vor allem dafür, dass er mich durch die schlimmsten Zeiten begleitet hat und er mich – obwohl ich ihn manchmal so schlecht behandelt habe – niemals aufgegeben hat. Ich liebe ihn, weil er mich jeden Morgen gesund aufwachen lässt. Er schenkt mir Leben, Energie und die Möglichkeit, dieses Leben mit all meinen Sinnen zu spüren und wahrzunehmen.

Begib dich in die Energie des Empfangens

Feminine Energie bedeutet auch, annehmen zu können, positive Gefühle anderer Menschen, Komplimente, Hilfe empfangen zu können. Es ist unsere Natur, zu empfangen, und doch haben wir so viel Widerstand dagegen in uns. Erlaube es dir, in die Empfangsenergie zu gehen.

Versuche einmal, ein spontanes Kompliment anzunehmen. Mit einem einfachen »Dankeschön«. Das ist seltsamerweise gar nicht so einfach. Wir haben unterbewusst die Gewohnheit entwickelt, auf ein Kompliment nicht einfach »Danke« zu sagen, weil wir uns dann irgendwie eingebildet oder arrogant fühlen. Du darfst annehmen, du musst dich nicht kleinmachen.

Gleiches gilt dafür, Hilfe anzunehmen. Du kannst und musst nicht immer alles alleine schaffen. Du darfst Hilfe empfangen, du darfst nach Hilfe fragen! Das macht dich nicht schwach, sondern im Gegenteil unglaublich stark.

Nimm ganz bewusst wahr, wo in deinem Leben du dich im Empfangen blockierst und warum. Wenn es dir schwerfällt, nach Unterstützung zu fragen, hinterfrage, wieso. Welcher toxische Glaubenssatz liegt dem zugrunde?

Was lässt dich stark fühlen – auch wenn es »oberflächlich« scheint?

Kennst du das? Du ziehst ein bestimmtes Kleidungsstück an, und von jetzt auf gleich verändert sich deine Stimmung? Du fühlst dich selbstbewusst und sexy. Deine Haltung, dein Gang, deine Mimik verändern sich, und du strahlst genau dieses Selbstbewusstsein auch aus, das du in diesem Moment empfindest.

Vielleicht erscheint dir das auf den ersten Moment oberflächlich. Sollten wir uns nicht unabhängig von unserer Kleidung wohlfühlen und unsere weibliche Energie aktivieren? Mit Sicherheit sollten wir das, und das ist ein tolles Gefühl. Aber Kleidung gehört zu unserem täglichen Leben. Warum also nicht etwas tragen, was diese Energie unterstreicht und uns fabelhaft fühlen lässt?

Auch Make-up wurde ursprünglich nicht erfunden, um unsere Imperfektionen zu verstecken, sondern um unsere Schönheit zu unterstreichen oder uns »festlich« zu schmücken.

Egal, ob andere das als oberflächlich betrachten, manche Dinge können einfach wunderbare Energie-Booster sein – und das hat nichts mit ihrem Preis zu tun. Egal, ob es Kleider, Jeans, roter Lippenstift, Turnschuhe oder High Heels sind – finde heraus, was dich in deine beste Energie bringt.

Verbringe Zeit mit anderen Frauen

Suche die Verbindung mit anderen Frauen. Traue dich, Verbundenheit in dein Leben zu lassen. Ich habe sehr viele Jahre einen heftigen Widerstand empfunden, wenn es um Freundschaften unter Frauen ging. Die sogenannte Sisterhood Wound – die Schwesterwunde ist etwas, das sehr viele von uns erfahren (haben). Heute weiß ich: Die kraftvolle Verbindung mit Frauen kann sehr heilsam sein.

Suche dir eine Gruppe von Frauen, die auf einer ähnlichen Reise sind und ihr Bewusstsein erweitern wollen. Es gibt mittlerweile viele Frauenkreise, Workshops und sogar Apps, über die man sich verbinden kann. Ich weiß, das kostet zunächst einmal Mut, aber glaube mir: Seitdem ich Frauen in meinem Leben habe, die mich bedingungslos unterstützen, mich als die Frau sehen, die ich wirklich bin, mich stützen und halten, ehrlich zu mir sind und vor denen ich, im übertragenen Sinn, alle Hüllen fallen lassen kann, hat sich mein Leben verändert.

Höre auf, die Umstände im Außen kontrollieren zu wollen

Kontrolle beziehungsweise das Bedürfnis, zu kontrollieren, kommt vor allem aus einer verletzten männlichen Energie. Wir denken aus dem Mangel heraus und können nicht loslassen. Und das ist anstrengend und ermüdend. Wir haben uns außerdem angewöhnt, uns auf die Umstände im Außen zu fokussieren. Doch genau die können wir nicht kontrollieren. Wir können nicht kontrollieren, was andere

Menschen über uns denken, wie sie handeln oder was in der Welt geschieht. Was wir aber kontrollieren können, ist unsere Gedankenwelt, die Welt, die in unserem Herzen wohnt. Wir bestimmen unser Wesen, unsere Reaktionen auf die Außenwelt, unser Verhalten gegenüber uns selbst, gegenüber anderen und unserer Umwelt. Da haben wir die Wahl.

Wenn du beginnst, dich mit deiner femininen Energie zu verbinden, wirst du dich in einem Raum voller Leidenschaft, Möglichkeiten und Wundern wiederfinden. Das Feminine steht für Hingabe und Loslassen und für Vertrauen. Vertrauen in dich, in das Leben und das Universum. Es geht um Fühlen, nicht um Denken. Es geht darum, dich mit der Energie deines Herzens zu verbinden, mit deiner inneren Stimme und deinem Geist. Erlaube dir selbst, dich dieser Energie hinzugeben, und nimm die Magie wahr, die dich umgibt.

Wissen, ohne zu wissen

Das größte Geschenk der weiblichen Energie sind unsere intuitiven Impulse. Im Wesentlichen bedeutet es »Wissen, ohne zu wissen«. Diese Art des Wissens ist ein Teil von uns, der abseits des logischen Denkens lebt. Es ist ein Instinkt, ein Sinn, der unsere körperliche und mentale Ebene übersteigt. Es ist eine innere Weisheit, die wir von Geburt an in uns tragen, und an die wir uns wieder erinnern dürfen.

Um dieses Wissen und unsere innere Stimme als Wegweiser nutzen zu können, ist es zuerst wichtig, (wieder) Vertrauen in sie aufzubauen. Unserer inneren Stimme zu vertrauen, ist der Grundpfeiler dafür, intuitiv zu leben. Im Laufe unseres Erwachsenwerdens leben wir immer mehr im Außen, im Tun, im Kopf, sodass diese Verbindung beschädigt wird und wir sie nur selten oder gar nicht mehr spüren. Wir haben das Vertrauen in sie verloren, weil wir Ablehnung, Zurückweisung oder Verurteilung erfahren haben. Dabei würde sie uns genau auf den Weg führen, der unserem wirklichen Selbst entspricht.

Auch wenn dieses wirkliche Selbst vielleicht nicht von allen geliebt, anerkannt und akzeptiert wird, es zu verleugnen, führt zu sehr viel mehr Leid, als es jede Ablehnung, Zurückweisung oder Verurteilung von außen bewirken könnten.

Nimm achtsam wahr, wie sich intuitive Impulse bei dir äußern. Und vor allem: Gehe ihnen nach, sei neugierig und lass dich ein, auf diese wunderschöne, spirituelle Reise, die deine innere Weisheit dir zur Verfügung stellt.

Journaling

Dieses Journaling kann dir dabei helfen, deine feminine Energie zu spüren und die Verbindung mit ihr zu stärken.

Was bedeutet Weiblichkeit für mich?

Wann habe ich meine Weiblichkeit das letzte Mal gespürt?

In welchen Situationen fühle ich mich weiblich, sexy, anziehend?

Wann habe ich das letzte Mal pure Freiheit gespürt?

Was bedeutet innere Zufriedenheit für mich?

In welchen Situationen fühle ich mich selbstbewusst?

Wie kann ich mich selbst mehr verwöhnen?

Wie kann ich liebevoller mit mir selbst umgehen?

Wo in meinem Leben würde es mir guttun, mehr Kontrolle abzugeben und ins Vertrauen zu gehen?

Wo in meinem Leben merke ich, dass ich oft (unterbewusst) urteile/verurteile?

Wie lässt mich das Urteilen fühlen?

Welchen Glaubenssatz oder welche Erinnerung in der Vergangenheit wurde in mir getriggert?

Ich vergebe mir selbst, dass …

Meditation:
Verbinde dich mit deiner Weiblichkeit

Diese Meditation hilft dir dabei, dich mit deiner Weiblichkeit und deiner femininen Energie zu verbinden, sie zu spüren und sie durch dich hindurchfließen zu lassen.

Die Sisterhood Wound

Ich kann mich noch erinnern, als ich an einem kalten Novembertag in Berlin unser Wohnzimmer umräumte. An diesem Abend würde ich eine Kakaozeremonie veranstalten, und es hatten sich zehn Frauen angemeldet. Als ich die Sitzkissen auf dem Boden ausbreitete, die Kerzen bereitstellte und den Raum mit Decken auslegte, musste ich einen Moment innehalten. Ich erinnerte mich an die Valerie von vor ein paar Jahren. Auch wenn das gar nicht so lange her war, damals hätte mir alleine die Vorstellung Angst eingejagt, mit zehn weiteren Frauen gemeinsam in einem Kreis zu sitzen, sich ihnen zu öffnen und sich mit ihnen zu verbinden. Zwar melden sich auch heute noch ab und zu ängstliche Gedanken, aber im Allgemeinen kann ich mir nichts Schöneres vorstellen, als einen Raum mit diesen Frauen zu teilen, Verbundenheit zu spüren und einfach nur beisammen zu sein. Ich wusste lange nicht, wie sehr mir diese Verbundenheit in meinem Leben fehlte. Und ich war mir nicht bewusst, dass dieser Mangel oft Ursache dafür war, dass ich mich einsam fühlte.

Die verletzte Verbundenheit unter Frauen

Die Angst, sich anderen Frauen zu öffnen

An diesem Abend saßen also elf Frauen gemeinsam im Kreis. Wir meditierten zusammen, sangen zusammen, »journalten« zusammen, tranken Kakao zusammen, tauschten uns aus, weinten und lachten zusammen. Mein Herz war so erfüllt und tief berührt von dieser Erfahrung.

Nach der Kakaozeremonie verabschiedeten wir uns, und ich merkte, dass eine der Frauen das Bedürfnis hatte, mit mir unter vier Augen zu sprechen. Sie wartete, bis alle anderen gegangen waren, und erzählte mir dann Folgendes: Sie war über Facebook auf die Kakaozeremonie gestoßen, und weil sie mich nicht kannte, klickte sie sich daraufhin durch meine Webseite und mein Instagram-Profil. Dabei habe sie ein Gefühl gehabt, als würde ihr der Hals zugeschnürt. Beim Lesen habe sie große Eifersucht empfunden, es seien viele verurteilende, regelrecht gehässige Gedanken in ihr hochgekommen. Sie alle hätten sich darauf bezogen, wie ich mein Leben führe und nach außen trage. Sie hätte weiter durch mein Profil gescrollt und wäre dabei zufällig bei einem bestimmten Post gelandet.

Ausgerechnet in diesem Post schrieb ich, dass der Kreislauf des Vergleichens mich oft ermüden lässt, mir Lebensqualität raubt, er aber in unserer Gesellschaft vor allem unter Frauen so präsent ist. Ich schrieb auch über meine eigene Verletzung und die große Angst, abgelehnt zu werden.

Meine Klientin erzählte mir, dass in diesem Moment etwas in ihr passierte: Ihre Intuition, ganz unabhängig von den Gefühlen, die sie Sekunden zuvor noch erlebt hatte, habe ihr ganz klare Signale gegeben, sich für diesen Abend anzumelden. Und sie erklärte mir auch, wie dankbar sie nun für diese Signale sei.

Denn während des Abends gelang es ihr, das erste Mal nach langer Zeit, sich anderen Frauen zu öffnen, ihre Verletzlichkeit zu zeigen, zu reflektieren. Sie konnte die Wurzel ihres eifersüchtigen Vergleichs und der negativen Gefühle aufdecken, die dem Glaubenssatz »Ich habe es nicht verdient, so ein Leben zu führen« entsprangen.

Wir standen beide im Flur, sahen uns an und umarmten uns. Der Mut zur Verletzlichkeit und ihre ehrlichen Worte berührten mich so sehr, dass mir die Tränen kamen. Denn ich wusste genau, wie sie sich fühlte. Ich kannte dieses Gefühl nur zu gut. Zu sehen, wie sie sich mir gegenüber offenbarte und sich verletzlich machte, inspiriert mich bis heute.

Die Sisterhood Wound

Meine langjährigen Probleme mit Freundschaften zu Frauen wurzelten in schlechten Erfahrungen, die ich in der Vergangenheit gemacht hatte und die eine tiefe Wunde in mir hinterließen – die Sisterhood Wound (Schwesternwunde).

Das ist tatsächlich ein gängiger Begriff, der mich, als ich das erste Mal auf ihn stieß, überraschte und mir klarmachte: Ich bin nicht die Einzige, die unter dieser Verletzung, dieser Wunde leidet. Ohne Ausnahme trägt jede Frau, der ich begegnet bin, eine solche Wunde in sich. Bei manchen ist sie größer, bei manchen kleiner. Urteile, Zickereien, beißende Kritik, Missgunst, Neid, unfaire Vergleiche – all das sind verletzte Anteile von femininer Energie, die vor allem aus dem Mangel kommen (»Ich bin nicht gut genug«).

Man kann die Verletzung durch andere Frauen kaum mit anderen Verletzungen vergleichen. Ich glaube, nur Frauen können verstehen, wie sehr Frauen andere Frauen verletzen können. Das kennst du sicher auch. Ich selbst war schon in meiner Jugend in Mädchengruppen, in denen es um nichts anderes ging als darum, sich zu vergleichen, über die anderen zu urteilen und gleichzeitig Angst zu haben, dass über einen selbst hergezogen wird, sobald man der Gruppe den Rücken zukehrt. Man hatte immer Angst, die Anerkennung der anderen zu verlieren, war ständig in diesem heimlichen Wettbewerb. Und wir alle haben nicht gemerkt, dass wir damit unsere feminine Energie immer weiter unterdrückt und uns selbst so sehr und nachhaltig verletzt haben.

Die historische Opferrolle

Es ist noch nicht lange her, dass Frauen einen Mann haben mussten, um von der Gesellschaft akzeptiert zu werden beziehungsweise wortwörtlich in ihr zu überleben. Eigenes Geld, eigenes Konto – Fehlanzeige. Gesellschaftliche Stellung als Single oder Geschiedene – Fehlanzeige.

Dieses gesellschaftliche Aus – und ich rede jetzt nicht von der sogenannten feinen Gesellschaft, das betraf alle Schichten – ist zeitgeschichtlich nur einen Wimpernschlag von heute entfernt. Wir haben uns lange in der Opferrolle bewegt beziehungsweise in einer Rolle, in der wir Selbstverantwortung abgegeben haben, da wir ja ohnehin keine eigene Entscheidung treffen durften. Unsere Großmütter waren ganz sicher noch dadurch geprägt und haben diese Prägung auch an unsere Mütter, an unsere Eltern weitergegeben. Vielleicht nicht mehr so stark, aber doch tief verwurzelt in diesen nahezu archaischen Glaubenssätzen.

Wir sind keine Konkurrentinnen

Die Schwesternwunde geht Jahrhunderte zurück und ist eine tiefe Konditionierung. Sie hat zur Folge, dass wir uns in Konkurrenzdenken verlieren, die Verbundenheit unterdrücken und somit ein künstliches Gefühl des Getrenntseins erzeugen.

Doch wir sind nicht voneinander getrennt. Wir sitzen alle im selben Boot, und deswegen ist es an der Zeit, das Bewusstsein für die Schwesternwunde in uns allen zu stärken und uns für Verbundenheit zu öffnen. Wenn ich eines auf dieser Reise zu meiner femininen Energie gelernt habe, dann das: Wenn Frauen zusammenkommen, ihre Energie vereinen und sich verbinden, entsteht eine unglaubliche Kraft, die Heilung, Manifestation und Liebe kraftvoll möglich macht.

Sisterhood is powerful

Wir dürfen den Kreis des Vergleichens und des Konkurrenzdenkens durchbrechen und endlich erkennen, dass dein Schmerz auch mein Schmerz ist. Dass mein Erfolg auch deiner ist und dass jede von uns wunderschön auf ihre eigene Art und Weise ist, ohne dabei einer anderen etwas wegzunehmen. Wir sind wie Spiegel füreinander. Und indem wir unser Schutzschild fallen lassen, uns verletzlich zeigen und uns gegenseitig vergeben, erschaffen wir eine neue Qualität an femininer Verbundenheit, die nicht nur unsere Frequenz, sondern auch die des Kollektivs hebt. Wir schaffen eine neue Zeit.

Seitdem ich das verstanden habe, habe ich an unzähligen Women-Circles teilgenommen und genieße es, dass der Austausch mit anderen Frauen für mich so nährend, so vertraut und so heilsam ist. Dieser sanfte und intuitive Raum, in dem Frauen zusammenkommen, ist für mich eine Art Hafen geworden, in dem ich mich absolut sicher und geborgen fühle. Und doch habe ich auch heute noch Momente, in denen es mich Überwindung kostet, Frauen zu vertrauen, in denen ich Frauenfreundschaften beobachte und mich dabei klein und einsam fühle. Aber ich kann heute mit einem anderen Bewusstsein sehen. Ich erkenne in diesen Momenten die Schwesternwunde, die wahrgenommen und gehört werden will, die sich nach Verbundenheit sehnt und mir leise zuflüstert: Du darfst dich öffnen, du darfst dich verletzlich zeigen. Du bist genug.

Gemeinsam

Wir können uns den größten Schmerz zufügen, indem wir uns hintergehen. Aber genauso groß ist auch das, was wir füreinander tun können. Ich habe gemerkt, wie lange ich dieses Gefühl der Zugehörigkeit in meinem Leben vermisst habe. Und wie kraftvoll die Verbundenheit unter Frauen sein kann. Wir haben Angst, von anderen Frauen verurteilt zu werden. Wenn wir dann aber beispielsweise in einem Workshop erfahren, dass es uns allen so geht, dass wir jetzt endlich ins Licht treten und genau diese Angst auch aussprechen dürfen, dass wir gesehen und dabei nicht verurteilt werden, dann merken wir, wie kraftvoll und heilsam es ist, wenn Frauen zusammenkommen. Dann erfahren wir die wahre Bedeutung von Sisterhood, und wie sehr sie unser Leben bereichern kann.

Dieses Gefühl der weiblichen Verbundenheit ist die Grundlage für alles, was ich tue, für alle Kurse und Workshops, die ich anbiete. Ich möchte Frauen zusammenbringen. Für mich ist es das Schönste, wenn ich sehe, dass die Frauen, die einen Kurs zusammen durchlaufen, sich auch selbst organisieren. Dass Freundschaften entstehen, dass sie sich in dieser Gemeinschaft öffnen können. Es macht mich glücklich, dass ich dazu beitragen kann, dass Menschen gemeinsam auf die Reise gehen und in diese Zugehörigkeit finden, die ich so lange vermisst habe.

Jetzt ist die Zeit

Es ist so wichtig, dass wir jetzt aufstehen und dass wir verstehen, wie kraftvoll die Verbindung miteinander sein kann. Jetzt ist die Zeit, diese Wunde offenzulegen, sie anzuerkennen, darüber zu sprechen und sie schließlich zu heilen. Gemeinsam.

Wahre Sisterhood bedeutet, dass wir anderen nichts beweisen müssen, um dazuzugehören, dass wir uns nicht verstellen müssen, um angenommen und akzeptiert zu werden. Wahre Sisterhood heißt, dass wir alle Schichten ablegen können, die wir uns in der Vergangenheit zugelegt haben, dass wir unsere Sorgen und Ängste offen äußern dürfen, dass wir uns dabei sicher fühlen können, uns verletzlich zu zeigen. Und sie bedeutet auch, radikal ehrlich zueinander zu sein, Mitgefühl zu empfinden und uns gegenseitig zu unterstützen.

Es fängt bei dir an

Die Heilung der Sisterhood Wound beginnt bei jeder Einzelnen von uns. Wir alle sind Teil davon und können etwas dazu beitragen. Jede von uns wird gebraucht. Jede von uns ist wichtig.

Journaling

Die folgenden Journalingfragen sollen dich darin bestärken, deine eigene Schwesternwunde wahrzunehmen, ihren Gefühlen Raum zu geben und den Weg der Heilung einzuschlagen.

In welchen Momenten werde ich von anderen Frauen getriggert?

Was war meine traurigste Erfahrung in Verbindung mit Frauen?

Was war meine schönste Erfahrung in Verbindung mit Frauen?

Welche Erfolge von anderen Frauen, die ich bewundere, kann ich heute feiern?

Wie kann ich damit beginnen, meine eigene Schwesternwunde zu heilen?

Wie kann ich tiefe Verbindungen mit anderen Frauen in meinem Leben herstellen?

Welcher Frau darf ich vergeben?

Was möchte ich mir selbst vergeben?

Schattenarbeit

Als ich das erste Mal über den Begriff Schattenarbeit gestolpert bin, hat sich in mir instinktiv ein seltsames Gefühl breitgemacht: »Da wartet Schmerz, da will ich überhaupt nicht hin.« Mittlerweile weiß ich: Wenn sich mein Schatten meldet, bedeutet das nicht: »Oh, Gott, da muss ich weg!«, sondern vielmehr: »Okay, Treffer, versenkt. Da wartet noch etwas. Da ist offensichtlich noch eine Wunde, vor der ich nicht weglaufen sollte. Und wenn ich sie heile, wartet etwas auf mich, und ich darf darauf vertrauen, dass es wichtig ist und dass es den Schmerz wert ist.«

Schattenarbeit ist mir eine so wichtige Begleitung auf meiner eigenen Reise geworden, dass ich mich wundere, warum so wenig darüber gesprochen wird. Und weil ich weiß, wie kraftvoll Schattenarbeit ist und wie viel sie in meinen Coachings bewirkt, möchte ich darüber auch in diesem Buch schreiben.

Die Schattenarbeit ist für mich bis heute das wichtigste Tool, um meine persönlichen Traumata, emotionalen Wunden und Projektionen zu erkennen und zu heilen. Sie hat mir dabei geholfen, mehr Verständnis, Akzeptanz, Liebe, inneren Frieden und Klarheit in mein Leben und vor allem in meine Beziehungen zu bringen.

Was Schattenarbeit bewirken kann

Schattenarbeit kann einen extrem positiven Einfluss auf unser alltägliches Leben haben. Durch sie entdecken wir verborgenes Potenzial und Talente, wir vertiefen die Liebe zu uns selbst, stärken unsere Akzeptanz, verbessern unsere Beziehungen zu Partnern, Familie und Freunden. Wir finden zu mehr Selbstbewusstsein, weil wir authentisch sind. Wir spüren mehr Klarheit darüber, wer wir sind und was wir wollen, wir stärken unser Mitgefühl für uns selbst, aber auch für andere.

Schattenarbeit kann ein Werkzeug sein, um Konflikte leichter zu lösen und unsere Kreativität freier auszuleben. Wir können mehr Leidenschaft und Sinnhaftigkeit in unser Leben bringen und die Verbindung zu unserer Intuition stärken und nähren.

Doch das Größte und wohl Schönste, das ich durch die Schattenarbeit gewonnen habe, ist das Gefühl, ein Ganzes zu sein, vollkommen zu sein, in mir selbst zu Hause zu sein.

Schatten, und wie sie entstehen

Als Schatten werden bestimmte Verhaltensweisen oder Teile unserer Persönlichkeit bezeichnet, die wir verdrängt haben, weil sie auf Ablehnung von außen gestoßen sind. Uns wurde schmerzhaft vermittelt, dass sie »schlecht« oder »falsch« seien – oder zumindest haben wir das so empfunden. Schatten können darüber hinaus auch unaufgelöste Konflikte oder unbefriedigte Bedürfnisse sein.

Durch Ablehnung lernen wir – und das durchaus nicht nur im Kindesalter – bestimmte Verhaltensweisen, die eigentlich tief in unserer Persönlichkeit verankert sind, zurückzudrängen. Und das oft so effektiv, dass wir vergessen, dass diese einmal zu uns gehört haben. Mehr noch: Wir selbst nehmen die Haltung der Ablehnung ein und verleugnen somit einen unter Umständen wesentlichen (im wahrsten Sinne des Wortes zu unserem Wesen gehörenden) Teil von uns.

Im Gegensatz zu Glaubenssätzen des Inneren Kindes können Schatten auch in der Jugend oder im Erwachsenenalter entstehen. Schon die antiken Griechen haben über das Thema Schatten geschrieben. Sie haben sinngemäß gesagt: »Lerne jeden Teil deiner Psyche zu ehren. Denn die verschiedenen Teile der Psyche stellen verschiedene Götter und Göttinnen dar. Und diejenigen von ihnen, die du nicht ehrst oder sogar ignorierst und verdrängst, kommen immer wieder zurück und kämpfen gegen dich.«

Obwohl sie meist aus negativen Erfahrungen entstehen, können Schatten voll kreativer und schöpferischer Energie sein. Schatten werden sie genannt, weil unser Bewusstsein sie nicht wahrnehmen kann, sie sich aber – da sie eben feste Teile unserer Persönlichkeit sind – niemals von uns lösen. Sie begleiten uns vor allem in unseren Beziehungen, in unserem gesamten Mindset, in unserer Karriere, im Verhältnis zu unserem Körper.

Im Dunkeln bist du nicht du selbst

Ignorieren wir unsere Schatten, hat das zur Folge, dass wir nicht wirklich authentisch sein können. Denn wir lassen diese Teile unserer Persönlichkeit »im Dunkeln«. Wenn du also 100 Prozent authentisch sein willst, dich so zeigen, wie du wirklich bist, musst du Licht auf diesen Schatten werfen – und genau das ist die Aufgabe, ist der Sinn von Schattenarbeit.

Die Auseinandersetzung mit unseren Schattenanteilen kann sehr intensiv sein, denn sie erfordert, dass wir absolut ehrlich zu uns selbst sind, dass wir bereit sind, uns von der Selbstsabotage zu lösen und uns den Schatten zu stellen, statt sie zu verleugnen. Denn je mehr wir sie verleugnen, desto größer werden sie.

Jeden Teil von uns annehmen

Ich habe gerade schon geschrieben, dass unsere Schatten oft voll kreativer, schöpferischer Energie stecken. Trotzdem schrecken wir vor dem Wort »Schatten« zurück, weil wir es mit etwas Negativem, etwas Bösem verbinden. Dabei kann Schatten durchaus auch etwas Schönes sein. Wenn die Sonne uns zu sehr zusetzt, wenn wir Abkühlung, wenn wir Ruhe brauchen, suchen wir den Schatten. Hier fühlen wir uns sicher und geschützt.

Eines kann ich nicht oft genug betonen: Ob negativ oder positiv besetzt, Schatten gehören zu uns, sind Teil von uns. Und auch wenn wir nicht jeden Teil von uns lieben müssen, ist es wichtig, auch diese

Teile anzuerkennen, zu akzeptieren und tatsächlich anzunehmen, so schmerzhaft es manchmal auch sein mag. Nur so können wir uns als ein Ganzes fühlen, nur so können wir Selbstmitgefühl empfinden, respektvoll mit uns umgehen und uns selbst Freund*in und Vertraute*r sein. Und nur so können wir wirklich WIR sein.

Melinas Geschichte

Ich möchte zum Thema Schattenarbeit den inspirierenden Fall einer Coaching-Klientin, die ich im Folgenden Melina nenne, schildern.

In der Session, die zur Zeit der Entstehung dieses Buches stattfand, ging es darum, Melinas Schatten zu identifizieren, anzuerkennen und zu heilen. Melina, eine starke, herzliche Frau und alleinerziehende Mutter, erzählte mir, dass sie schon seit ihrer Kindheit eine große Wut in sich trage.

Je tiefer wir gingen, desto klarer wurde: Diese Wut kam zum großen Teil aus einem Satz, den sie in ihrer Kindheit immer wieder gehört hat: »Eigentlich hättest du ja ein Junge werden sollen. Dein Papa hätte so gerne einen Jungen gehabt.«

Daraus entwickelte sich das Gefühl, nicht gut genug zu sein, den Ansprüchen der Eltern nicht gerecht worden zu sein. Und das schon von Geburt an.

Gleichzeitig entwickelte sich aber ein Geist der Rebellion, der zeigen wollte: »Hey, ich kann genauso gut sein wie ein Junge. Genauso stark.« Und das, verbunden mit einem starken Ungerechtigkeitsgefühl, führte zu Wut. Melina wurde ein wütendes Kind, das auch auf dem Schulhof aggressiv und handgreiflich wurde, insbesondere um andere zu verteidigen, weil sie Ungerechtigkeiten als völlig unerträglich wahrnahm.

Diese Wut war ihr Schatten. Ein Schatten, den sie unbedingt loswerden wollte, weil sie das Gefühl hatte, er würde ihr schaden in ihren Beziehungen, in ihrem alltäglichen Leben, in ihrem Sein. Sie wollte sich von dieser Wut befreien und sie einfach gehen lassen.

Doch je tiefer wir in ihr Unterbewusstsein vordrangen, desto deutlicher stellte sich heraus, wie wichtig diese Emotion der Wut für sie war.

In unserer Schattenarbeit konnte meine Klientin erkennen, dass die Wut ein großer Teil ihrer Lebensenergie ist, das, was sie als ganze Person ausmacht, was sie tough sein lässt. Dass sie andere mit ihrer Energie mitreißen kann. Sie lernte, wie sie ihre Wut in pure Energie umwandeln kann, um diese dann für ihre Kreativität und auch in ihrem Job zu nutzen. Ihr wurde klar, dass diese ungezügelte Lebensenergie ein wichtiger Teil ihrer Persönlichkeit ist, für den andere sie lieben.

Hat sie zuvor immer versucht, diesen Teil von sich zu unterdrücken – aus Angst davor, abgelehnt oder gar verlassen zu werden –, kann sie diese Emotionen heute für sich so transformieren, dass sie sie im Licht betrachten und annehmen kann. Sie kann diesen Teil von sich selbst lieben. Und sie weiß jetzt, dass sie ohne ihre Wut nicht diese immense Kraft hätte, für alles in ihrem Leben auf positive Art zu kämpfen. Für sich und für andere.

Kleiner Einschub zur Wut

Da Wut eine so starke Emotion ist, möchte ich ihr an dieser Stelle etwas Raum in diesem Buch geben. Viele von uns verdrängen sie in ein Schattendasein. Unterdrückte Wut fühlt sich an wie Hilflosigkeit. Wir fühlen uns ohnmächtig, wie paralysiert.

Aber Wut verleiht uns auch Kraft, und es gibt viele Wege, Wut zu kanalisieren, sie positiv und in unserem ureigensten Sinne zu nutzen. Deshalb ist es in Ordnung, wütend zu sein. Wut hilft uns dabei, für uns selbst einzustehen, für Gerechtigkeit zu kämpfen, uns für andere einzusetzen. Wut ist keine schlechte Emotion. Wut ist Energie. Schlecht wird sie erst, wenn wir durch sie so weit gehen, andere oder uns selbst zu verletzen.

Auch Rebellion als Folge von Wut kann eine große schöpferische Kraft entwickeln. Es kommt nur darauf an, wie sie ausgedrückt beziehungsweise gelebt wird. Besetzt man Wut ausschließlich negativ (»Wut ist schlecht.« »Ich werde nicht geliebt, wenn ich wütend bin.«), entwickelt sie sich so, dass sie irgendwann alles blockiert.

Wenn wir aber lernen, unsere Wut auf einem positiven Weg freizulassen, können wir aus einer vermeintlichen Schwäche eine Stärke machen. Dann haben wir nicht nur keine Angst mehr vor ihr, sondern können ihre unglaublich energievollen Effekte für uns nutzen. Sie kann uns helfen, Herausforderungen zu überwinden und Ressourcen in uns zu mobilisieren. Sie kann uns motivieren, unsere Ziele anzugehen, unsere Wertvorstellungen zu beschützen und für sie einzustehen.

Stille Schatten

So laut wie die, die aus der Wut heraus entstehen, sind nicht alle Schatten.

Nehmen wir das Beispiel eines kleinen Jungen, der sehr sensibel ist, der Energien – vor allem die anderer Menschen – um sich herum sehr stark wahrnimmt, sich aber von seinem Umfeld immer anhören muss: »Als Junge weint man nicht!« »Du musst ein starker, tapferer Junge sein!« »Du musst selbstbewusster sein!« »Sei nicht so empfindlich!« Der Junge speichert ab: »Ich darf nicht sensibel und empfindsam sein. Das ist ein schlechter Teil von mir. Den muss ich abschalten.«

Dabei ist es diese Sensibilität, Empfindsamkeit, die ihn ausmacht. Durch diese Eigenschaft ist er liebevoll im Umgang mit seinen Mitmenschen, ein guter Zuhörer. Solange er seine Energien vor Übergriffen schützt, können diese ihn in allen Lebensbereichen positiv begleiten. Wenn er diesen Teil seiner Persönlichkeit aber unterdrückt, ihn nicht annehmen und akzeptieren kann, lebt und handelt er nie authentisch. Abschalten kann er ihn ohnehin nicht. Nur verdrängen. Und so führen auch leise Schatten unausweichlich zu Konflikten.

Schatten können jederzeit entstehen

Schatten entstehen nicht nur in der Kindheit. Solche Mechanismen gibt es auch in der Jugend oder im Erwachsenenalter. Stellen wir uns beispielsweise vor, ein bestimmtes Verhalten, das auf einem Teil unserer Persönlichkeit beruht, also keine reine Gewohnheit ist, wird ständig kritisiert. Also verstecken wir diesen Teil, weil wir uns nicht ständig rechtfertigen wollen. Und weil alles in unserer Welt so schnelllebig ist, nehmen wir uns selten die Zeit, bestimmten Gefühlen nachzuspüren, wir hinterfragen also auch nicht, ob dieses Verhalten zu uns gehört und was die Unterdrückung bewirkt.

Bei mir war das sehr ähnlich wie im Beispiel des kleinen Jungen. Erst als ich mich mit der Schattenarbeit beschäftigt habe, lernte ich, dass meine Zurückhaltung und Empfindsamkeit, meine Sensibilität, meine Nachdenklichkeit, ein wesentlicher Teil von mir sind, sogar meine eigentliche Stärke ausmachen. Und heute ist daraus sogar mein Job, meine Karriere geworden. Ohne Schattenarbeit wäre all das nicht möglich gewesen. Hätte ich kein Licht ins Dunkel gebracht, diesen Teil von mir angesehen und erkannt, dass er mich ausmacht, dass er es verdient, ins Licht zu kommen und ausgelebt zu werden, gäbe es auch dieses Buch nicht. Nur indem ich ihn ins Licht geholt habe, kann ich zu 100 Prozent ich sein, nur so kann ich mich als ein Ganzes fühlen. Nur so kann ich die Verbundenheit zu mir selbst spüren.
   Und das ist für mich unendliche Freiheit!

Schattenarbeit und Intuition

Schattenarbeit birgt auch die Chance, uns wieder mit unserer Intuition zu verbinden, unserer inneren Stimme, unserer inneren Weisheit. In den Momenten, in denen unsere Schatten entstanden sind, mussten wir unsere Intuition unterdrücken. Denn unsere Intuition würde niemals dazu raten, einen Teil von uns zu verstecken. Indem wir also Licht in unseren Schatten bringen, stärken wir automatisch unsere Intuition.

Wenn wir einen Schatten mit uns herumtragen, beeinflusst das alle Entscheidungen, die wir treffen. Wir treffen sie nicht authentisch, nicht aus ganzem Herzen, nicht mit unserer inneren Stimme. Unsere Entscheidungen werden im wahrsten Sinne des Wortes überschattet. Je mehr Entscheidungen wir so treffen, ohne uns dessen bewusst zu sein, desto mehr entfernen wir uns von unserer Intuition. Je öfter wir hingegen unseren Schatten auflösen, desto mehr Entscheidungen treffen wir mit unserem Herzen – aus dem Willen heraus, authentisch zu sein und zu leben.

Du kannst dir selbst wieder vertrauen

Alle Teile deiner Persönlichkeit anzunehmen, ist etwas sehr Befreiendes. Du legst damit ein schweres Gewicht ab, das du vielleicht bisher mit dir herumgetragen hast. Wenn du dich vollkommen mit deinem Schatten verbindest, schaffst du mehr Vertrauen zu dir selbst. Wenn du aufhörst, unterbewusst gegen deinen Schatten zu arbeiten, und ihn anerkennst, dann erkennst du auch, wenn er sich bemerkbar macht, und nimmst ihn an, nutzt ihn für dich. Nicht er macht mehr etwas mit dir, sondern du machst etwas mit ihm! Das schafft Vertrauen. Selbstvertrauen. Du lernst, dass dieser Teil, der dir Schmerz und Scham gebracht hat, nicht an sich schlecht ist. Dass er oft genau das ist, was dich ausmacht. Was dich zu etwas Besonderem macht, unverwechselbar und einzigartig.

Unbefriedigte Bedürfnisse projizieren

Am Anfang dieses Kapitels habe ich erwähnt, dass Schatten auch unbefriedigte Bedürfnisse sein können. So entstandene Schatten führen manchmal dazu, dass du Verhaltensweisen an anderen besonders hart kritisierst, die du an dir selbst verdrängt hast – in den Schatten gestellt hast. Sei es, weil du die Sehnsucht danach, auch so leben zu dürfen, nicht zugeben kannst, sei es, dass andere dir eine Seite von dir selbst vorführen, von der du nichts wissen willst. Das kann zum Beispiel so aussehen:

Vielleicht urteilst du kritisch über eine Gruppe von Freunden, die du auf Social Media siehst, wenn diese augenscheinlich Spaß haben und viel zusammen unternehmen, weil du tief in dir selbst eine Sehnsucht nach solchen tiefen Freundschaften hast.

Vielleicht verurteilst du eine Frau, die figurbetonte Outfits trägt, offen mit ihrer Sexualität umgeht und ihre Weiblichkeit unterstreicht und auslebt. Dahinter könnte sich der Schatten verbergen, dass du selbst deine Weiblichkeit unterdrückst und dich danach sehnst, selbstbewusst mit deiner Sexualität und deinem Körper umzugehen.

Vielleicht wirst du getriggert, wenn deine Freundin von ihrem erfolgreichen Job spricht und darüber, wie sehr sie in ihrer Firma wertgeschätzt wird, weil du dir unbewusst selbst diese Wertschätzung wünschst.

Vielleicht urteilst du über Personen, die eine riesige Traumhochzeit feiern. Dir kommen Gedanken wie: »Wie glücklich können sie schon sein, wenn sie sich so präsentieren müssen?« Der eigentliche Grund für diese Gedanken ist möglicherweise, dass du dir unterbewusst das Gleiche wünschst. Dass du nicht daran glaubst, jemals so viel zu haben. Es ist der Schatten in dir, der vielleicht mit geschiedenen Eltern aufwuchs, mit eingeschränkten finanziellen Mitteln, und schon damals die Menschen beobachtete, die dem Anschein nach alles hatten.

All diese Beispiele können Schattenanteile sein, die in bestimmten Momenten zum Vorschein kommen. Wo immer du in deinem Leben unterbewusst urteilst oder vor-urteilst, liegt oft dein eigener Schatten verborgen, der gesehen werden will. Das darfst du als Chance nutzen, um Licht hineinzubringen.

Die Spiegelmethode

Ein Abwehrmechanismus unseres Schattens ist die Projektion, die Spiegelung, die ich gerade in ein paar Beispielen geschildert habe. Wir übertragen dabei Verhaltensweisen und Eigenschaften, die wir in uns verdrängt haben, auf andere. Wir lehnen das in anderen ab, was uns an unseren eigenen Schatten erinnert. Wir verwenden die Projektion als eine Art Schutzschild, um die Verantwortung abzugeben und einen anderen »Schuldigen« zu suchen. Tatsächlich ist dieser Abwehrmechanismus Dreh- und Angelpunkt zahlreicher Beziehungskonflikte.

Allerdings können Projektionen auch so ausfallen, dass wir Eigenschaften, die wir eigentlich in uns selbst tragen, bei anderen verstärkt sehen und bewundern. In solchen Fällen kann es sich fast magisch anfühlen, wenn uns durch die Schattenarbeit auf einmal klar wird, dass wir diese Eigenschaft, die wir an anderen so sehr bewundern, auch in uns haben. Sie sichtbar zu machen, anzuerkennen und ins Außen zu tragen, ist ein großer Schritt. Er ermutigt uns, unser ganzes Potenzial auszuschöpfen, ganz wir selbst zu sein. Unabhängig davon, wie wir unsere unterdrückten Anteile projizieren, unterstützt uns die Schattenarbeit dabei, innere und äußere Konflikte zu lösen und so die Beziehung zu uns selbst und zu anderen zu heilen.

Mit der Spiegelmethode lernst du, deine eigenen Projektionen zu erkennen. Dieser Schritt ist so spannend, weil du plötzlich das, was zuvor automatisiert gespiegelt wurde, plötzlich bewusst wahrnimmst.

Journaling

Die Spiegelmethode kann dich darin unterstützen, Beziehungen in deinem Leben zu untersuchen. Du erkennst, wie du über die Menschen in deinen Beziehungen denkst, was du für sie empfindest – lass positive und negative Gedanken und Gefühle gleichermaßen zu.

Was mag ich an den Menschen in meinem Leben und was nicht?

Was fasziniert mich an ihnen, was bewundere ich?

Welche Art Mensch mag ich nicht oder lehne ich zumindest eher ab?

Welche Menschen inspirieren mich?

In welchen Momenten bin ich emotional angeregt, positiv und negativ?

Journaling

Und auch diese Fragen können dir helfen, deine Schatten zu identifizieren und mit ihnen zu arbeiten:

Was triggert mich in meinem Leben und in meinen Beziehungen am meisten?

Wann und wie beurteile oder verurteile ich andere?

Wann und wie beurteile und verurteile ich mich selbst?

Was kann ich an anderen nicht leiden?

Was bewundere ich an anderen?

Womit habe ich am meisten Schwierigkeiten?

Eine Unterhaltung mit deinem Schatten

Wie im Gespräch mit Freund*innen kannst du deinen Schatten in einer Unterhaltung besser kennenlernen. Diese Unterhaltung mit deinem Schatten findet als innerer Dialog statt.

Und so kannst du vorgehen

1. Setze dich dafür an einen ruhigen Ort, schließe deine Augen und beginne mit ein paar tiefen und bewussten Atemzügen.
2. Überlege dir nun eine Frage, die du deinem inneren Schatten stellen möchtest. Beispielfragen können sein: »Was ist deine Aufgabe in meinem Leben?« »Wann bist du entstanden?« »Warum bist du zum Schatten geworden?«
3. Warte auf Antworten und schreibe alles auf, was dir in den Kopf gekommen ist. Manchmal sind es ganze Sätze, manchmal nur kleine Impulse. Wichtig ist, dass du deinem Schatten nicht gedanklich vorgibst, was er antworten soll. Lass jeden Gedanken und jedes Gefühl zu – sie alle helfen dir, deinen Schatten besser zu verstehen. Lass es ungehindert fließen und lausche in die Stille. Du wirst überrascht sein, welche Antworten dir dein Schatten geben kann und wird.

Dein Schattenselbst als Held*in deiner Lieblingsgeschichte

Ein auf den ersten Blick vielleicht etwas oberflächlicher, aber sehr effektiver Ansatz, deine Schattenanteile aufzudecken, kann es sein, dich mit deinen Lieblingsgeschichten in Film, Fernsehen und Buch auseinanderzusetzen.

Und so kannst du vorgehen

- Denke an deine Lieblingsgeschichten und überlege dir, wer oder was dich dabei besonders anspricht oder begeistert. Ebenso, wie wir unser Schattenselbst auf unsere Mitmenschen projizieren, können wir dieses auch in Protagonisten, Handlungen oder Orten aus Geschichten widergespiegelt sehen. Das drückt sich dann in hingebungsvoller Bewunderung für diese fiktionalen Charaktere, Handlungen und Orte aus. Diese Eigenschaften, die dich so faszinieren, stecken also höchstwahrscheinlich auch in dir und wollen ans Licht.

Schließe Frieden mit deinem Schatten

Wie so viele Kinder fürchtete ich mich früher vor der Dunkelheit in unserem Keller. Als ich einmal unbedingt etwas aus dem Keller holen wollte, traute ich mich nicht, alleine hinunterzugehen. Also bat ich meine Mutter, mich zu begleiten. Sie nahm mich an die Hand, und gemeinsam gingen wir die Holztreppe hinunter. Sie schaltete das Licht ein, und der Raum, der sonst so viel Angst und Schrecken in mir auslöste, erschien mir plötzlich hell und sogar einladend. Seit diesem Tag hatte ich keine Angst mehr vor dem Keller und der Dunkelheit dort.

Denn ich wusste, sobald ich das Licht anmache, gibt es keinen Grund mehr, Angst zu haben.

So ungefähr fühlt sich Schattenarbeit an.

Der Weg der Schattenarbeit ist der Weg zu innerem Frieden und Heilung. Auf diesem Weg habe ich großes Potenzial und wichtige Bedürfnisse in mir offengelegt, die ich seit vielen Jahren verdrängt und unterdrückt hatte. Das »Ins-Licht-Bringen« dieser Dinge war und ist für mich einer der wertvollsten und größten Heilungsprozesse, durch die ich bisher gegangen bin. Ich bin sicher, dass auch du von dieser Arbeit enorm profitieren wirst.

Das Gesetz der Anziehung

Gleiches zieht Gleiches an

Das Gesetz der Anziehung besagt, ganz allgemein ausgedrückt: Gleiches zieht Gleiches an.

In unserem Kontext bedeutet es aber vor allem: Wir erschaffen unsere Realität mit unseren Gedanken!

Leider wird daraus oft: »Wenn ich so positiv wie nur irgendwie möglich denke und negative Gedanken verdränge, ziehe ich nur Positives an«, oder sogar: »Wenn ich ganz fest daran glaube und mir etwas wünsche, dann wird es in Erfüllung gehen.« Das klingt zwar schön, das Thema ist allerdings sehr viel komplexer – und gleichzeitig spannender. Und weil es eben nicht ganz so einfach funktioniert, winken viele Menschen, wenn sie davon hören, gleich ab: »Also für mich funktioniert das nicht.«

Ich muss dann immer ein bisschen schmunzeln, denn mir ging es anfangs ganz ähnlich. Doch ich kann dir versichern: Es lohnt sich, mit dem Thema Anziehung auf Entdeckungsreise zu gehen. Ich möchte dich darin bestärken, Raum für diese Reise in deinem Leben zu schaffen. Meines hat sich nachhaltig und grundlegend verändert und tut es immer noch.

Wähle deine Frequenz selbst

Wie anfangs beschrieben, besagt das Gesetz der Anziehung, dass Gleiches Gleiches anzieht. Dieses Gleiche bezieht sich auf Energien. Sehr vereinfacht bedeutet es, dass wir immer die Energie anziehen, die mit unserer eigenen Frequenz übereinstimmt. Wenn wir also bestimmte Gedanken und Gefühle haben, ziehen wir Dinge an, die auf derselben Frequenz schwingen.

Unsere Körper bestehen zu 99,99999 Prozent aus Energie und nur zu 0,00001 Prozent aus Materie. Du selbst bist also fast pure Energie, sowie alles andere auch, was dich auf diesem Planeten umgibt. Und in jeder einzelnen Sekunde deines Lebens sendest du diese Energie aus. An deine Umgebung, an Dinge, an Menschen. Auch unsere Gedanken und Gefühle sind Energie, die ständig in Bewegung ist.

Vergleichen wir dein Leben einmal mit einem Radiosender: Wenn du Popmusik suchst, stellst du die Frequenz ein, über die die entsprechende Radiostation sendet. Und du wirst dort genau das hören, wofür der Sender steht: Popmusik. Kein Heavy Metal, keine Klassik, keine Volksmusik. Und egal, wie lange du zuhörst: Es wird kein Beethoven oder Mozart erklingen, ehe du die Frequenz nicht änderst und dir damit einen anderen Sender aussuchst.

Ganz ähnlich verhält sich das mit unseren Gedanken und Gefühlen. Jeder Gedanke, den wir denken, schwingt auf einer bestimmten Frequenz. Handelt es sich um einen schönen, ermutigenden Gedanken, schwingt er auf einer hohen Frequenz. Ist der Gedanke unangenehm, traurig oder limitierend, schwingt er auf einer niedrigeren Frequenz.

Die gute Nachricht dabei ist: Wie beim Wechsel des Radiosenders kannst du dir die Frequenzen deines Lebens selbst aussuchen! Wenn du die Frequenz deines Lebens ändern möchtest und dir ein Leben voller Freude und Erfüllung wünschst, dann musst du vorher den entsprechenden Sender einschalten.

Die Energie unserer Gedanken

Unsere Gedanken haben eine enorme Kraft. Jeder Gedanke, den wir denken, löst in unserem Gehirn chemische Reaktionen aus, die zu Emotionen werden. Unsere Emotionen werden zu physischen Gefühlen, die sich in unserem Körper ausbreiten. Wenn wir zum Beispiel Angst haben, krank zu werden, fühlen wir uns schon bei dem Gedanken daran körperlich schlapp. Wenn wir an ein schönes Ereignis denken, das uns bevorsteht, beschwingt das unseren Gang, und unsere Körperhaltung wird aufrechter. Und so, wie wir uns fühlen, so handeln wir auch und treffen Entscheidungen.

Faktor X

Der Grund, warum das Prinzip der Anziehung nicht so funktioniert, dass wir einfach nur noch positiv denken müssen, und schon wird alles gut, ist der Faktor X. Und dieser Faktor X sind deine unbewussten Gedanken. Sie bilden mit etwa 95 Prozent den weitaus größeren Anteil gegenüber unseren bewussten Gedanken. In 95 Prozent der Zeit läuft also ein Programm ab, das in uns vorinstalliert ist und durch unsere Gewohnheiten und Glaubenssätze programmiert wurde und wird.

Selbst wenn wir die übrigen fünf Prozent unserer Gedanken immer wieder dazu nutzen, uns mit unseren Träumen und Wünschen zu beschäftigen, achtsam zu sein und positiv zu denken: Gegen 95 Prozent unbewusste Gedanken ist schwer anzukommen. Und trotzdem hast du bereits alles, was du brauchst, um das möglich zu machen und dir dein Traumleben zu erschaffen. So kitschig das auch klingen mag. Es ist wahr.

Vertraue auf den Samen, den du pflanzt

Wenn ich dir jetzt einen winzig kleinen Samen in die Hand legen und dir erzählen würde, dass daraus der größte Baum der Erde entstehen wird, könntest du dir das wahrscheinlich schwer vorstellen. Doch genau aus so einem kleinen Samen ist der höchste Baum der Welt entstanden. Er ist 115 Meter hoch und steht im Redwood-Nationalpark in Kalifornien. 115 Meter aus einem kleinen, winzigen Samen.

So wie es schwer vorstellbar ist, dass dieser riesige Baum einst ein kleiner Samen war, fällt es uns auch oft schwer zu glauben, dass aus unseren Wünschen etwas Großes entstehen kann. Doch alles, was dazu nötig ist, sind die richtige Erde, Wasser, Nahrung, Luft und Sonnenlicht.

Auf dem Weg, der größte Baum der Welt zu werden, weiß der Baum nicht, wie hoch er werden wird. Es interessiert ihn auch nicht. Denn seine einzige Aufgabe ist es, zu wachsen, so hoch er kann, und alles, was in ihm steckt, zu zeigen. Er zweifelt nicht daran oder fragt sich zwischendurch, ob es nun hoch genug ist oder ob andere Bäume schneller wachsen, ob er zu krumm ist oder nicht genug Blätter hat. Er wächst und er blüht – ganz intuitiv und im Einklang mit der Natur.

Wenn du selbst also einen Traum in dein Unterbewusstsein pflanzt, denke an den größten Baum der Welt. Du musst nicht jeden Tag in den Garten gehen, überprüfen, ob er wirklich wächst, oder in den Nachbargarten blicken und dich fragen, ob die Bäume dort besser wachsen. Du musst nicht die erste Frucht sofort pflücken, aus Angst, es würden keine weiteren Früchte wachsen. Du darfst darauf vertrauen, dass dieser Samen sich in seiner vollen Kraft ausbreiten wird.

Das Gesetz der Anziehung wirkt immer

Ganz ähnlich verhält es sich auch mit dem Gesetz der Anziehung. Nur weil wir es meistens unbewusst wahrnehmen und nutzen, bedeutet das nicht, dass es nicht existiert. Im Gegenteil. Es ist immer da. So wie die Schwerkraft immer intakt ist und keine Pause macht, wirkt auch das Gesetz der Anziehung immer – ganz egal, ob du es bewusst wahrnimmst oder nicht.

Das Manifestieren, über das ich im nächsten Kapitel spreche, ermöglicht es dir, das Gesetz der Anziehung in deinem Leben sichtbar zu machen.

Manifestieren

Alles, was in dieser Welt existiert und von Menschen geschaffen oder unternommen wurde, gab es zuallererst in den Gedanken einzelner Menschen. Betrachten wir zum Beispiel die Mondlandung: Sie ist nicht einfach so geschehen. Sie ist die Antwort auf die Fantasie von Individuen. Lange gab es Menschen, die sich vorstellten, wie es wäre, auf den Mond zu reisen und ihn zu erkunden. Herausragende Wissenschaftler und mutige Denker ließen die Mondlandung irgendwann tatsächlich Realität werden.

Auch dein Smartphone war einmal nur ein Gedanke, das Haus, in dem du wohnst, wurde zunächst in der Fantasie des Architekten erbaut, und das Buch, das du gerade liest, ist erst in meinen Gedanken aufgetaucht, dann auf meinem Visionboard, und jetzt hältst du es als meine Manifestation in deinen Händen.

Du bist also umgeben von Millionen von Manifestationen.

Den Samen wässern

Auch wenn wir es nicht bewusst merken, streuen wir in jedem einzelnen Moment unseres Lebens mit unseren Gedanken, Gefühlen, Worten und Handlungen Samen für Manifestationen. Diese Samen wachsen durch Wiederholung. Durch die Wiederholung von Gedanken, von Wünschen, von Bedürfnissen wässern wir unsere Samen. Das gilt sowohl für positive als auch für negative (verletzende) Gedanken. Denn durch Wiederholung kannst du beispielsweise auch den Samen des Zweifels wässern. Und dann werden daraus Pflanzen des Zweifels – sie manifestieren sich aus deinem Unterbewusstsein in deine Realität.

Umgekehrt kannst du deine eigene Manifestationskraft jedoch auch bewusst dazu nutzen, deine tiefsten Wünsche und Bedürfnisse zu nähren, zu pflegen und damit wachsen zu lassen. So gibst du deinen Träumen und Visionen eine Chance, Realität zu werden.

Jetzt möchte ich dir erzählen, wie du deine Manifestationsenergie so aktivierst, dass aus deinen Samen ein wunderschöner Garten wachsen kann, mit all den Blumen, den Früchten und den schönsten Farben, die du dir wünschst.

Meine persönlichen Manifestationsbausteine

Ich möchte dir meine ganz persönlichen Manifestationsbausteine mit an die Hand geben. Sie haben mir so viel gegeben. Unter anderem haben sie die Fantasie dieses Buches Realität werden lassen, meinen Traum vom Leben am Meer, wunderbare Freundschaften und noch so vieles mehr.

Dich erwarten zu jedem Baustein praktische Übungen, die dich dabei unterstützen können, deine eigene Manifestationsroutine zu schaffen. Und diese Routine wird dir helfen, deine eigene Manifestationsenergie zu stärken und mehr Klarheit in deine Wünsche zu bringen.

Erster Baustein: Die Kraft deiner unbewussten Gedanken

Wie du in den vorherigen Kapiteln schon gelesen hast, haben unsere Gedanken eine unglaubliche Kraft. Wir erschaffen mit ihnen buchstäblich unsere Realität. Sie spielen daher auch eine große Rolle beim Prozess des Manifestierens.

Es geht vor allem um das Bewusstsein für Faktor X – unsere unbewussten Gedanken.

Beim Manifestieren ist das Ziel, unsere Gedanken und Gefühle, auch die unbewussten, auf dieselbe Frequenz zu bringen, in der auch unsere Manifestationswünsche, unsere Visionen, schwingen. Dazu müssen wir uns die Energie, die uns antreibt, und das Bewusstsein, das uns den

Weg zeigt, genauer anschauen – also genau das, was wir in diesem Buch hier tun.

Wenn du dich nicht mit deinem Unterbewusstsein beschäftigst und damit auch nicht mit den limitierenden Gedanken und Glaubenssätzen, die dich auf deinem Weg aufhalten, kann deine Manifestationskraft blockiert werden. Dann sind die Gedanken aus deinem Unterbewusstsein nicht in Harmonie mit deinen Zielen oder Wünschen. Das heißt, sie schwingen nicht auf derselben Frequenz (denke an den Radiosender).

Journaling

Diese Fragen helfen dir dabei, einen Zugang zu deinen unbewussten Gedanken zu finden.

Für welche fünf Dinge bin ich dankbar?

Warum möchte ich mich mehr mit dem Thema Manifestation auseinandersetzen?

Worauf möchte ich in meinem Leben gerne meinen Fokus richten?

Welche Gedanken waren heute besonders dominant? Schreibe die Gedanken genauso auf, wie sie dir jetzt in den Sinn kommen.

Zweiter Baustein: Gefühle

Der nächste wichtige Baustein besteht aus unseren Gefühlen, denn ohne sie kann weder das Gesetz der Anziehung noch das Manifestieren funktionieren. Wie unsere Gedanken, so sind auch unsere Gefühle energetisch, und Energie ist das, was das Gesetz der Anziehung braucht, um arbeiten zu können.

Dir über deine eigenen Gefühle klar zu werden, ist ein extrem wichtiger Schritt hin zu dem Leben, das du dir wünschst und von dem du träumst. Dabei geht es nicht nur um die Gefühle, die du oberflächlich fühlst, sondern auch um die, die du unbewusst vor dir herschiebst oder verdrängst, vielleicht aus Angst, sich ihnen zu stellen.

Hier ein Beispiel: Du möchtest unbedingt einen neuen Job, einen bestimmten Betrag Geld, einen Partner oder etwas anderes in dein Leben manifestieren. Du stellst dir das in deinen Gedanken vor, visualisierst es und malst dir die Situation ganz genau aus. Doch dabei kommen schnell Gedanken in dir hoch wie: »Wie soll das denn gehen?«, »Ich habe es eigentlich nicht verdient« oder »Ich bin nicht gut genug« oder vielleicht auch »Das habe ich schon so oft vergeblich versucht«.

Offensichtlich löst die Vorstellung deines Wunsches einen oder mehrere limitierende Glaubenssätze in deinem Unterbewusstsein aus. Die Folge: Deine Gefühle schwingen auf einer sehr niedrigen Frequenz, mit anderen Worten: Sie blockieren dich. Dein Unterbewusstsein spielt nicht mit. Da unser Unterbewusstsein aber kraftvoller als unser Bewusstsein ist, schaffen es die Gedanken an deinen Manifestationswunsch nicht, diese Blockade zu überwinden oder diese sehr niedrige Frequenz zu erhöhen.

Dir etwas ganz klar vorzustellen, was du manifestieren möchtest, ist ein wichtiger Schritt, aber es reicht in der Regel nicht aus. Wir müssen also unbedingt ins Fühlen kommen.

Journaling

Verbinde dich über diese Fragen mit deinen Gefühlen.
Wie wird es sich anfühlen, wenn sich mein Wusch erfüllt?
Wie wird es sich anfühlen, das Ziel erreicht zu haben?
Wie werde ich mich fühlen, wenn alle Blockaden gelöst sind?

Durch das Journaling fangen deine Wünsche, deine Gedanken und deine Gefühle an, auf derselben Frequenz und Wellenlänge zu harmonieren. Das ist anfangs nicht leicht, da wir die Glaubenssätze in unserem Unterbewusstsein schon so lange mit uns herumtragen. Selbstzweifel machen sich breit. Das Manifestieren erfordert, dass du dich dadurch nicht aus der Ruhe bringen lässt. Denn der Gedanke, es sei vielleicht für andere möglich, aber nicht für dich, ist eine Ausrede deines Egos, das dich klein halten will – und in der Komfortzone. Ist ja auch bequemer, einfach nichts zu tun und im Zweifel andere für das eigene Unglücklichsein verantwortlich zu machen. Journaling kann dir dabei helfen, dein Ego zu hinterfragen, es im besten Falle und mit der Zeit sogar für dich arbeiten zu lassen.

Journaling

Frage dich zum Beispiel in solchen Momenten:
Stimmt das wirklich?
Was würde mein Higher Self (die beste Version von mir selbst) dazu sagen?
Was würde ich einer Freundin raten, die diese Gedanken über sich selbst hat?
Was bringt mich dazu, an meinen Fähigkeiten zu zweifeln?

Das Journaling wird dir vieles deutlicher machen. Aber an diesem Punkt musst du dich einfach ein wenig in Geduld üben, denn genau wie alles andere im Leben, so ist auch das Manifestieren ein Prozess. Es ist ein neues Denkmuster, das Zeit, Geduld und Übung braucht. Durch Üben, Wiederholen und den aufmerksamen Umgang mit dir selbst, mit Achtsamkeit, wird sich diese Methodik in dir verfestigen, sodass sie irgendwann ganz von allein abläuft und sich ganz natürlich anfühlt.

Ein Bewusstsein für die eigenen Gefühle entwickeln

Um deine Manifestation fühlen zu können, ist der erste Schritt, ein Bewusstsein für deine Gefühle zu entwickeln und ganz genau zu beobachten, was du fühlst, wann du es fühlst und wodurch das Gefühl ausgelöst worden ist.

Das kann sehr anstrengend sein. Doch durch diesen Umgang mit dir, dem bewussten, achtsamen Wahrnehmen von Gefühlen, ob negativ oder positiv, ob destruktiv oder motivierend, wirst du dich selbst besser kennenlernen. Du bekommst die wunderbare Gelegenheit, dich mit deiner Intuition und deinem Herzen zu verbinden.

Gefühle in deinem Leben

Diese Übung eignet sich gut dazu, Achtsamkeit für deine Gefühle zu entwickeln und dich so mit deinem Herzen zu verbinden.

Und so kannst du vorgehen

1. Schreibe auf, welche zehn Gefühle du gerade am häufigsten und stärksten in deinem Leben spürst. Wenn dir Gefühle einfallen, die deinen Empfindungen entsprechen, dann verwende unbedingt diese. Wenn nicht, wähle aus den folgenden Beispielen: Wut, Liebe, Traurigkeit, Glück, Zufriedenheit, Hoffnung, Zuversicht, Angst, Scham, Vertrauen, Überforderung, Stärke, Spaß, Stress, Unsicherheit, Zuneigung, Misstrauen, Einsamkeit, Dankbarkeit, Freude, Verzweiflung, Geborgenheit, Schwäche, Frustration, Optimismus, Müdigkeit.
2. Nun teile die Gefühle, die du aufgeschrieben hast, in angenehme und unangenehme (positive und negative).
3. Wie viele positive und wie viele negative Gefühle spürst du? Überwiegt das eine oder das andere?
4. Schreibe nun auf, welche Gefühle du in deinem Alltag loslassen möchtest und welche du dir wünschst. Schreibe auf, wann, wo oder mit wem du dich wohlfühlst. Was davon kannst du HEUTE tun, um dich gut und glücklich zu fühlen?

Dritter Baustein: Fokus

Energie wird immer dorthin fließen, wo dein Fokus liegt, worauf du deine größte Aufmerksamkeit richtest.

Wenn du nun deinen Fokus auf das richtest, was dir in deinem Leben fehlt, lässt du deine Energie in den Mangel fließen und schaffst unbewusst mehr davon, es besteht also die Gefahr, dass du unbewusst den Mangel und das Fehlen verstärkst beziehungsweise vergrößerst. Wenn du den Fokus hingegen auf das richtest, was du hast, und/oder auf das, was du dir in deinem Leben wünschst, fließt die Energie dorthin, nennen wir es Fülle. So unterstützt du also die Fülle, und du schaffst Raum für Neues.

Mangel-Denken = Fokus auf dem, was uns fehlt
Fülle-Denken = Fokus auf dem, was wir haben und/oder möchten

Um dich auf die Fülle zu fokussieren, ist es hilfreich, dir zwei Dinge ganz bewusst zu machen:

Wie ein erfülltes Leben für dich aussieht.
Was du dir in deinem Leben wünschst.

Eine klare Vision als Schlüssel

Jeder Architekt, jeder Ingenieur muss zunächst eine klare Vorstellung davon haben, was er bauen will und welchem Zweck es dienen soll. Genauso benötigst du für deine Wünsche ein klares Ziel und einen Plan für den Weg dorthin. Der goldene Schlüssel, um aus deinen Samen den Garten deiner Vorstellung anzulegen, ihn wachsen zu lassen und ihm Form und Farbe zu geben, besteht also darin, deinen Fokus, dein Bewusstsein und deine Achtsamkeit auf die Fülle zu lenken und ein klares Ziel zu haben.

Mit dem WAS gegen den inneren Kritiker

Es ist sehr wahrscheinlich, dass sich, sobald du diese Aufgabe annimmst, sobald du über das, was du möchtest, nachdenkst, ein Wesen in dir meldet und Zweifel streut: Wir nennen ihn den inneren Kritiker. Er schwingt auf einer Frequenz, die dich nicht weiterbringt. Er schürt Angst und Selbstzweifel, indem er dir Aussagen wie die folgenden einflüstert:

»Das habe ich schon mal versucht.«

»Das habe ich immer schon so gemacht.«

»Da könnte ja jeder kommen!«

Wenn das passiert, konzentriere dich zuallererst auf dein WAS (Was willst du manifestieren?) und lenke deinen Fokus ausschließlich darauf. Lass das WIE (Wie komme ich dahin? Wie soll das denn funktionieren?) zunächst einfach weiterziehen.

Denn das WAS ist das Einzige, das in diesem Moment zählt und das DEINE Aufgabe ist, die niemand anderes für dich übernehmen kann. Wenn du dich auf das WIE konzentrierst, zerbrichst du dir den Kopf über etwas, das in diesem Moment absolut unwichtig ist: Es spielt keine Rolle, wie deine Manifestation in dein Leben kommt. Wichtig ist zunächst nur, dass sie überhaupt in dein Leben kommt. Denn die Wahrheit ist: Es gibt Millionen von Wegen, wie sich etwas, das du dir wünschst, in deiner Realität manifestieren kann.

Es geht um etwas Großes

Vielleicht löst dein innerer Kritiker (oder auch nur Zweifler) neben seinen grundsätzlichen Einwänden auch folgende Gedanken in dir aus:

»Nein, das ist zu groß für mich.«

»Das ist unrealistisch.«

»Das wird niemals so funktionieren, wie ich mir das vorstelle!«

»Eigentlich brauche ich ja nicht so viel.«

»Ich schreibe lieber etwas Kleines auf, damit ich nicht enttäuscht werde.«

»Wie soll das möglich werden?«

»Das kann ich nicht machen, das ist egoistisch von mir.«

Lass dich davon nicht entmutigen! Diese Gedanken zu haben, ist sogar ein gutes Zeichen. Denn diese Art von Selbstzweifel kommt nur, wenn du an die Grenzen deiner Komfortzone und deiner Vorstellungskraft gehst. Und das wiederum bedeutet: Es geht um etwas Großes. Und wenn du jetzt sogar ein bisschen Angst davor hast, weil es so groß ist, bist du genau an dem Punkt, an dem dein persönliches Wachstum beginnt, an dem du dein Bewusstsein weitest und eine höhere Stufe erreichst.

Nimm diese Gedanken also als willkommen an. Sie haben rein gar nichts mit dir und deiner Vision zu tun. Sie sind lieb gemeinte Botschaften deines Unterbewusstseins, das dich vor einer unbekannten Erfahrung, ja vor vermeintlichen Gefahren schützen will. Das ist ja grundsätzlich erst einmal nicht schlecht. Doch der innere Kritiker filtert nicht vorab, was gut und richtig für deine Zukunft ist. Also brauchst du ihn in deinem Prozess zur Manifestation nicht. Denn du handelst in deinem Higher Self und kennst deine Vision, das WAS, ganz genau. Der innere Kritiker kennt es nicht!

Die Balance von großen Träumen und dem WIE

Erlaube es dir also, groß zu träumen, und schreibe fantasievoll und ohne Schere im Kopf drauflos, was du dir alles in deinem Leben wünschst. Denke daran, dass diese Träume zwar dein Bewusstsein und deine Komfortzone strapazieren sollen, sie aber auch nicht so unrealistisch klingen dürfen, dass sie schlicht außerhalb jedweder Möglichkeit sind. Versuche hier die Balance zu halten. Wenn du zum Beispiel gerade jeden Cent umdrehen musst und dir wünschst, in den nächsten sechs Monaten eine Million zu verdienen, ist das nicht sehr realistisch – Lottogewinne kann man nicht manifestieren. Das WAS sollte auch gesund sein. Damit meine ich zum Beispiel, nicht von einer baldigen Hochzeit zu träumen, wenn du gerade erst eine toxische Beziehung beendet hast und Zeit zum Durchatmen brauchst.

Aber mach deine Wünsche auch nicht zu klein, denn wie wir wissen, war auch die Mondlandung zunächst nur ein Gedanke. Finde die

Balance. Träume groß, aber setze dich selbst nicht unter Druck. Es darf leicht sein.

Fühle die Dankbarkeit

Dankbarkeit ist eine starke Emotion. Komm ins Fühlen, um mit ihrer Hilfe deine Wünsche zu manifestieren.

Und so kannst du vorgehen
1. Schreibe auf, welche Wünsche du in deine Realität manifestieren willst und wie du dich fühlen wirst, wenn es so weit ist. Fokussiere hierbei das WAS und nicht das WIE.
2. Schreibe eine Dankbarkeitsliste für die Dinge, die du gerne in deinem Leben manifestieren möchtest. Schreibe sie so auf, als wären sie bereits JETZT in deiner Realität.

Die häufigsten Manifestationsblockaden

Außer unserem inneren Kritiker gibt es noch einige andere Hürden, die es im Prozess des Manifestierens eventuell zu überwinden gilt. Sie mögen nicht auf alle Manifestationswünsche zutreffen, aber ich habe die Erfahrung gemacht, dass es gut ist, sie zu kennen. So verstricke ich mich nicht in sie, falls sie mir über den Weg laufen.

Manifestationsblockade Neid

Wir alle kennen es, auch wenn wir es nicht gerne zugeben: das Gefühl, neidisch zu sein. Es ist menschlich, dass wir neidisch sind, und wir werden dieses Gefühl auch nie komplett ausschalten können. Insbesondere wenn wir selbst in einer anstrengenden Phase sind und unser Mindset gerade aus vielen Zweifeln besteht. Doch auch wenn Neid ein sehr menschliches Gefühl ist, ist es ein Gefühl, mit dem wir uns immer selbst verletzen. Im Moment des Neidischseins lassen wir unsere Glaubenssätze »Ich bin nicht gut genug«, »Ich werde niemals haben, was diese Person hat«, »Es ist nicht genug für alle da« siegen und bringen uns damit auch jedes Mal in ein Gefühl des Mangels. Zudem verstärken wir damit diese Glaubenssätze und halten sie für die Wahrheit, statt uns auf die Realität zu fokussieren.

Neid verstellt den Blick auf deine Möglichkeiten

So sehr dein Herz eigentlich weiß, dass es eine unendliche Quelle an Möglichkeiten für dich gibt, dass mehr als genug für alle da ist und dass du gut genug bist: Solange du selbst ihnen die Erlaubnis dazu gibst, halten dich diese Glaubenssätze davon ab, dir deine vielen, quasi unendlichen Möglichkeiten vorzustellen.

Als ich angefangen habe, achtsamer zu sein und meine Energie bewusster wahrzunehmen, fiel mir nach und nach auf, wie schlecht ich mich fühlte, wenn Neid in mir hochkam. Ich versuchte dann, das Gefühl zu verdrängen und einfach wegzusehen. Doch das Wegsehen half nicht.

Eines Tages aber schickte mir meine Intuition während einer Morgenmeditation den Impuls, meine Perspektive zu ändern. Warum sollte ich etwas nicht schaffen, wenn andere es vor mir doch schon geschafft hatten? Was sollte mich an meiner persönlichen Mondlandung hindern? Ich spürte auf einmal, dass ich es konnte: MEIN Leben Schritt für Schritt, in meinem Tempo zu schaffen – und dabei auch meinen eigenen Weg zu gehen.

Der Erfolg anderer ist deiner

Seit diesem Morgen feiere ich die Personen, die früher in mir Neid ausgelöst hätten, denn ich weiß: Ihr Erfolg ist mein Erfolg. Und ich nehme niemandem etwas weg mit meinem Erfolg: Es ist genug für alle da!

Wenn sich bei dir das nächste Mal das Gefühl des Neids breitmacht, nimm es bewusst wahr. Und dann überwinde dich und wünsche dieser Person Erfolg, freue dich mit ihr, sieh ihren Erfolg als ein Zeichen, dass auch du immer näher an dein Ziel kommst, Schritt für Schritt.

Ich habe tatsächlich damit begonnen, diesen Menschen, für die ich mich nun freuen konnte, Nachrichten zu schreiben, ihnen zu gratulieren. Ich habe bemerkt, dass sich dadurch mein Denken und Fühlen geändert hat. Ich habe mich anstecken lassen von dem Erfolg anderer, von ihrer Dankbarkeit, dass sie und ihr Tun wahrgenommen werden.

Indem du anderen ihren Erfolg wünschst, wünschst du dir auch selbst Erfolg.

Damit erreichst du einen kraftvollen Energieschub für dich selbst. Dann verwandelst du diese Energie von Neid (Mangel) in eine Energie von Freude und Motivation (Fülle) und bringst damit sehr viel positive Energie in dein Umfeld.

Schuldgefühle, mehr zu wollen

Hast du dich schon mal schuldig gefühlt, weil du mehr vom Leben wolltest? Auch das kann eine Manifestationsblockade sein, basierend auf einem der folgenden klassischen Glaubenssätze, der dir irgendwann »eingetrichtert« worden ist.

»Sei glücklich und zufrieden mit dem, was du hast.«

»Andere Menschen haben viel weniger.«

»Mehr zu wollen, ist einfach gierig.«

»Jeder hat seinen Platz in der Welt. Ordne dich einfach ein.«

Natürlich: Wenn ich das Leid von Menschen sehe, denen es an den elementarsten Dingen fehlt, stimme ich zumindest mit dem Inhalt der ersten drei Sätzen überein. Wir übersehen oft, wie gut es uns im Vergleich mit anderen Menschen geht. Aber davon abgesehen bin ich mit solchen Sätzen als Erziehungsprinzipien nicht einverstanden. Denn:

Es ist nichts falsch daran, mehr zu wollen. Im Gegenteil: Wir sind hier, um mehr zu wollen.

Ich halte es für extrem wichtig, dass wir dankbar dafür sind, was wir haben, wo wir leben. Was aber wäre die Welt, wenn kein Mensch mehr als das Vorhandene wollen würde? Was wäre unser eigenes Leben, wenn wir einfach stehenbleiben würden? Das MEHR muss ja auch gar nichts Materielles sein. Ein religiöses oder spirituelles MEHR ist für viele Menschen eine große Motivation. Für andere mag Wissen und Bildung das MEHR sein, das sie anstreben. Wieder andere streben nach MEHR Liebe und Geborgenheit. Daran kann nichts Falsches sein.

Du bist hier, um dich zu entfalten

Deine Seele ist nicht dafür gemacht, stillzustehen. Sie verkümmert, wenn du nicht wächst – wie eine Pflanze, die nicht mehr gegossen wird, kein Sonnenlicht mehr bekommt. Für deine Seele ist es nicht nur eine Option zu wachsen, es ist ihre wichtigste Aufgabe. Du bist hier, um dich vollkommen zu entfalten – jede Facette deines Seins zu entdecken. Du bist hier, um in Bewegung zu sein, um Neues zu entdecken, um neugierig zu sein, um dich zu sehnen nach dem MEHR. Menschen, die dir etwas anderes erzählen, wollen dich klein halten.

Wenn Menschen, die in diesem Netz aus Mangelgedanken gefangen sind, sehen, dass du dich entfaltest und wächst, vergleichen sie sich wahrscheinlich mit dir. Und das zwingt sie dazu, auf ihr eigenes Leben zu blicken, ihre Schatten wahrzunehmen, ihre eventuell unterdrückten Bedürfnisse und ihre Selbstzweifel. Du hältst ihnen sozusagen einen Spiegel vors Gesicht. Und das ist meistens unangenehm für sie.

Deine Seele wünscht sich Wachstum

Ein solches Verhalten anderer hat nichts mit dir zu tun. Du triggerst diese Menschen mit deiner Energie, und damit tust du etwas Gutes! Denn dieses Triggern lädt sie zum Nachdenken ein und inspiriert sie im besten Fall dazu, ihre Opferrolle zu überdenken. Wenn nicht: Auch gut, lass sie! Jeder Mensch darf selbst entscheiden, was ihm guttut und was nicht. Und auch das verdient unsere Akzeptanz, unseren Respekt.

Dich beim Träumen und beim Mehr-Wollen zurückzuhalten, dient niemandem, nicht dir, nicht der Welt, nicht deinem Umfeld.

Indem du deinen Träumen ein Limit setzt, blockierst du deine Manifestationskraft, denn deine Seele ist nicht limitiert. Sie ist neugierig und wartet auf das MEHR. Wartet auf Wachstum und Erfüllung.

Die Scham, etwas Materielles zu wollen

Neben den generellen Schuldgefühlen, das MEHR zu wollen, gibt es auch ein spezifischeres Gefühl, das mir immer wieder begegnet und das ebenfalls das Manifestieren blockiert: die Scham, etwas Materielles zu wollen.

Ich möchte dir sagen: Auch daran ist nichts falsch. Du musst dich nicht dafür schämen, ein teures Auto fahren zu wollen, in einem Luxus-Resort Urlaub machen zu wollen oder teure Kleider kaufen zu wollen.

Genauso wie du dich ja auch nicht dafür schämen musst, einen alten Kleinbus zu kaufen, mit dem die Familie in den Urlaub fährt. Es ist vollkommen egal, WAS du willst, wichtig ist, WARUM du es willst und aus welcher Intention dieser Wunsch in dir entstanden ist.

Ich dachte früher zum Beispiel immer, dass »spirituell« zu sein und Geld zu verdienen, nicht zusammenpassen. Mittlerweile weiß ich, dass beides Hand in Hand gehen kann. Und dass die Überzeugung, das eine könne nicht mit dem anderen vereinbar sein, nur durch limitierende Glaubenssätze hervorgerufen wurde.

Überlege einmal selbst, welches Entweder-oder-Denken in deinem Leben eine Rolle spielt. Und dann schau genau hin, ob tatsächlich ein Widerspruch vorliegt, der dieses Entweder-oder rechtfertigt. Wahrscheinlich wirst du feststellen: Es gibt viel mehr *»sowohl als auch«* als *»entweder oder«*.

Soul-Goals versus Ego-Goals

Es gibt keine guten oder schlechten Ziele. Aber es gibt Soul-Goals und Ego-Goals. Es ist ein großer Unterschied, ob deine Wünsche *soul-driven* oder *ego-driven* sind. Denn Ego-Goals machen uns nicht langfristig glücklich – im Gegenteil. Das Erreichen dieser Ziele macht uns nur kurzfristig und nur im Außen glücklich. Umso größer ist die Leere allerdings, die folgt, wenn wir merken, dass sich in unserem Inneren nichts verändert hat. Schlimmer noch: Trotz vermeintlicher Wuncherfüllung sind wir unglücklicher als zuvor. Dieses Gefühl kennst du sicher auch. Es ist ein ziemlich sicheres Zeichen dafür, dass der Wunsch, der dir hier erfüllt wurde, dieses Ziel, das du erreicht hast, nicht aus deinem Herzen kam, sondern aus dem Mangel.

Ein Soul-Goal hingegen ist ein Ziel, das dir wirklich innere Erfüllung bringt. Es entspringt einem Seelenimpuls, den dir deine Intention schickt. Es wächst in dir aus dem Glauben heraus, dass genug für alle da ist. Ein Soul-Goal entsteht aus einem höheren Sinn heraus – zunächst für dich selbst, aber vielleicht auch für dein Umfeld. Oder sogar für die Welt? Denke an das Beispiel der Mondlandung! Wenn du erfüllt bist, gibst du diese Fülle in die Welt und dienst damit jedem Menschen, der dir begegnet und sie annehmen will. Das ist doch der Mühe wert. Oder?

Journaling

Um herauszufinden, ob deine Wünsche *ego-* oder *soul-driven* sind, kannst du dir diese einfachen, aber essenziellen Fragen stellen.

Möchte ich XY, weil ich möchte, dass andere sehen, wie erfolgreich ich bin?

Möchte ich XY aus Angst, dass es nicht genug davon geben könnte und jemand anderes es vor mir haben könnte oder ich nichts mehr davon bekomme?

Möchte ich XY, weil ich jemandem etwas beweisen will?

ODER möchte ich mir XY leisten, weil ich mich belohnen will, weil es mir gefällt, weil ich Freude daran habe, weil ich davon überzeugt bin, dass es mein Leben bereichert? Oder vielleicht möchte ich jemand anderem damit eine große Freude machen, statt ihn nur zu beeindrucken?

Soul Goals – wie du Ziele setzt, die mit dir und deinen Werten im Einklang sind

Soul-Goals kommen aus deinem Herzen, sie entspringen der wahrhaften Freude. Der Weg zu deinen Soul-Goals erfüllt dich, schenkt dir Energie und bringt dich in den kreativen Flow. Sie sind keine Kompensation für einen Mangel, sondern der pure Ausdruck deines Higher Self, deiner Lebensvision und deines Herzens.

Soul-Goals entstehen nicht aus Angst. Sie entstehen aus Liebe.

Nicht alles gleichzeitig

Wenn es darum geht, Ziele zu setzen, überfordern wir uns gerne selbst. Wir überschätzen, was wir in einem Jahr schaffen können, aber unterschätzen gleichzeitig, was wir in drei Jahren schaffen können. Du musst nicht von jetzt auf gleich dein ganzes Leben verändern.

Du wirst dich auch niemals auf alle Lebensbereiche gleichzeitig fokussieren können, und das ist auch gar nicht sinnvoll. Für uns alle gilt: In manchen Lebensphasen ist der Bereich Karriere und Finanzen im Fokus, in anderen sind es die Bereiche Familie und Beziehung. Es gibt Phasen der Umsetzung, aber auch Phasen des Lernens und In-sich-Gehens. All diese Phasen sind wichtig und kommen zur richtigen Zeit. Du darfst darauf vertrauen.

Ziele dürfen sich ändern

Es ist okay, wenn sich deine Ziele ändern.

(Lies das noch mal, denn es ist wichtig.)

Erlaube dir selbst, deine Ziele zu ändern. Du strebst nach Entfaltung und Wachstum. Es gehört zum natürlichen Prozess jedes Wachstums, dass sich deine Ziele ändern können. Wenn sie das tun, ist es kein Zeichen dafür, dass du nicht gut genug bist, sondern dafür, dass deine innere Stimme etwas Besseres mit dir vorhat. Verfolge niemals ein Ziel einzig und allein aus der Intention heraus weiter, etwas zu Ende bringen zu müssen, oder aus Angst davor, was andere denken können, wenn du es nicht tust. Hinterfrage vielmehr deine Ziele regelmäßig, um gegebenenfalls nachjustieren zu können, wenn du merkst, dass sich dein Weg in eine unerwünschte Richtung entwickelt.

Journaling

Zum besseren Fokussieren deines Ziels, kannst du dir folgende Fragen stellen:

Wie sieht mein Ziel aus, wenn ich es erreicht habe?

Was ist mein Wunschergebnis?

Was fühle ich, was sehe ich, was rieche ich, was höre ich, wenn ich darüber nachdenke?

Versuche auch hier wieder, kritische Stimmen auszublenden. Sie haben hier jetzt keinen Wert für dich. Bleib bei dir, bei deiner Vision, bei deinen Soul-Goals. Vergiss nie: Du lebst dein Leben für dich und nicht für jemand anderes. So ist es auch bei deinen Zielen. Sie sind dein ureigenster Besitz und dein persönlicher Schatz.

Die Magie deiner Manifestationswünsche

Manifestationsmagie passiert, wenn du dir dein Ziel, deinen Wunsch vor deinem inneren Auge vorstellst, spürst, wie du dich fühlen wirst, wenn du dein Ziel erreicht hast und du sicher weißt, dass es in deine Realität kommen kann und wird. Wenn du nicht mehr gestresst bist wegen des WIE und WANN. Denn in diesem Moment lässt du los und vertraust deinem Universum und deiner eigenen Energie. In deinem Geist hast du dein Ziel dann schon erreicht und kannst es vielleicht auch körperlich spüren. Und es ist es nur noch eine Frage der Zeit, bis es auch in deine Realität kommt. Du weißt, das Ziel ist bereits unterwegs, auf welchem Weg, durch welches WIE auch immer.

You are here to thrive, not only to survive, soul sister.

Um in diesen magischen Zustand zu finden, formuliere deine Manifestationswünsche so spezifisch wie möglich. Sie sollten nicht eine vage Vorstellung darstellen, sondern eine ganz klare Bestellung bei deinem Universum sein. Klare Formulierungen helfen dir, deine Ziele übersichtlich und fokussiert zu halten. Wenn du dir etwas im Restaurant bestellst, antwortest du dem Kellner auf die Frage:»Was kann ich ihnen bringen?«, ja auch nicht:»Einfach nur etwas zu trinken«. Nein, du gibst eine genaue Bestellung auf – und genauso darfst du auch deine Bestellung im Universum aufgeben.

Deine Ziele, deine Manifestationswünsche können sich am besten erfüllen, wenn sie wirklich Vorfreude in dir auslösen, ein Kribbeln, einen wohligen Schauer oder vielleicht auch Gänsehaut. Mit anderen Worten: Wenn sie aus der Fülle kommen. Folge dieser Freude. Deine Seele sehnt sich danach und wird es dir danken.

Manifestationswünsche dürfen, ja müssen sogar dein Bewusstsein strapazieren und dehnen. Das bedeutet: Sie sollten außerhalb deiner Komfortzone liegen.

Achte darauf, dass du dir Ziele setzt, deren Ergebnisse dich in die Richtung bringen, die sich positiv auf dein Leben auswirkt. Dazu musst du sie auch klar positiv formulieren. Es geht nicht darum, ein Ziel zu erreichen, damit du etwas anderes vermeidest. Formulierungen wie diese solltest du vermeiden:»Ich möchte mehr Geld verdienen, damit ich nicht dauernd pleite bin.« »Ich möchte eine Beziehung haben, damit ich nicht mehr alleine bin.«

Die Life-Scripting-Methode

Life-Scripting ist eine sehr wirkungsvolle Journaling-Technik, die dir dabei hilft, dein Traumleben mehr und mehr in dein Unterbewusstsein zu bringen. Im Prinzip schreibst du in deinem Journal so, als ob deine Visionen bereits geschehen wären.

Besonders großen Erfolg kann man mit dem Life-Scripting erzielen, wenn man diese Technik für mehrere Tage oder sogar Wochen am Stück durchführt. Das hilft dabei, unser aktives Bewusstsein und auch unser Unterbewusstsein auf das auszurichten, was wir in unser Leben manifestieren wollen. In diesem Prozess wird das Filtersystem deines Unterbewusstseins aktiviert, das immer die Dinge für dich herausfiltert, auf die du deinen Fokus setzt. So entwickelst du allmählich eine ganz neue Wahrnehmung.

Und so kannst du vorgehen

1. Bring dich in den richtigen Flow, bevor du mit der Übung beginnst: Zieh dich an einen Ort zurück, an dem du ungestört sein kannst. Mache vorher eventuell eine kleine Meditation.

2. Sei während des Schreibens achtsam und aktiviere deine Gefühle. Versuche, dich emotional mit jedem Satz zu verbinden. Was würdest du fühlen, wenn das, was du aufschreibst, wirklich wahr wäre? Wenn es bereits JETZT in deiner Realität existieren würde? Durch diese begleitenden Gefühle erzeugen wir in unserem Gehirn tiefe Verbindungen zu unserem Unterbewusstsein.

3. Sei detailreich und beschreibe deine Situation ganz lebendig. Dadurch wird es dir leichter fallen, dich mit deinen Gefühlen zu verbinden.

4. Scripte zu verschiedenen Zeitpunkten jeweils ein bestimmtes Thema (z. B. Montag: Wie sieht der Ort aus, an dem ich leben werde? Dienstag: Wie sind die Beziehungen, die ich haben werde? Mittwoch: Wie ist der Job, den ich haben werde?).

5. Schreibe, als wäre das, was du dir wünschst, bereits geschehen. Du lebst dieses Leben schon jetzt. Das kann sich zum Beispiel so anhören:

»Ich bin sehr glücklich, dass ich endlich in meinem Traumberuf als Innenarchitektin arbeiten kann. Als ich heute Morgen aufgewacht bin, konnte ich es kaum erwarten, ins Büro zu fahren und mit dem Konzept für unseren neuen Kunden zu beginnen. Mein großartiges Team weiß meine Talente und mich als Person zu schätzen, und ich kann nicht glauben, wie glücklich ich bin, für einen Job bezahlt zu werden, den ich wirklich liebe.«

Life-Scripting für ein Leben auf hoher Frequenz

Life-Scripting ermöglicht es dir, mehr Klarheit zu bekommen und deine Visionen spezifischer zu gestalten. Du wirst schnell merken, wie sehr es deine Gedanken anregt und wie viele neue Ideen dir dabei kommen werden. So löst Life-Scripting ein Hochgefühl bei dir aus und stärkt dein Selbstvertrauen.

Indem du dich mit deinen Träumen beschäftigst und den Gefühlen, die du empfindest, wenn sie in deiner Realität wahr geworden sind, erhöht das Life-Scripting deine Energiefrequenz. Du schwingst dadurch auf einer besonders hohen Frequenz und richtest all deine Gedanken und deinen ganzen Tag positiv aus.

Schlusswort

Wir sind nun am Ende dieses Buches angekommen, und ich hoffe sehr, dass du es mit großen Träumen und liebevollen Gedanken über dich und über das, was die Zukunft für dich bereithält, zuschlägst.

Und ich hoffe auch, dass ich dich dazu ermutigen konnte, nicht aufzugeben. Unsere Lebenserfahrung ist keine Konstante. Sie ist – wie alles in der Natur – Ebbe und Flut, Helligkeit und Dunkelheit, Wärme und Kälte, Tag und Nacht, Frühling, Sommer, Herbst und Winter. Und wir sind ein Teil davon.

Innere Zufriedenheit bedeutet nicht, durchgehend im Sommer zu leben. Es bedeutet, mit diesen Jahreszeiten im Flow zu sein, sie anzunehmen und tief in sich zu wissen, dass jede von ihnen einen höheren Sinn beinhaltet, der sich uns früher oder später offenbart – in seiner ganzen Vollkommenheit. Wie die Reise eines Samens bis hin zur Blüte.

Du trägst diesen Samen bereits in dir. In den Tiefen deines Herzens. Deine einzige Aufgabe ist, ihn zu wässern, ihm Licht zu schenken und Raum zu geben, sich zu entfalten.

PS: Ich würde mich riesig freuen, Teil deiner Reise sein zu dürfen. Schreibe mir gerne auf Instagram oder per Mail an mail@valeriehusemann.de und berichte mir von deinen Erkenntnissen. Ich bin so gespannt, was du erschaffen wirst, und freue mich, von dir zu hören.

Du findest mich auf Instagram unter @valerie.husemann, und meinen Podcast *Mindful Me* hörst du auf allen Plattformen, die Podcasts anbieten.

LAURA MALINA SEILER

Mögest du glücklich sein

Entdecke dein Höheres Selbst und verbinde dich mit deiner inneren Kraft

Life-Coach und Bestsellerautorin Laura Malina Seiler nimmt dich mit auf eine wunderschöne Reise zu dir selbst. Sie erklärt, wie du dich mit deinem eigenen Higher Self verbindest, Blockaden auflöst, alten emotionalen Schmerz heilst und dich von Ängsten befreist. Denn nur wenn du loslässt, was dich kleinmacht, kannst du dein außergewöhnliches Potenzial verwirklichen.

Mit zahlreichen kraftvollen Coaching-Übungen, heilenden Meditationen, Ritualen und Geschichten, die inspirieren.

KNAUR.LEBEN

MAJA GÜNTHER

Vergleiche dich nicht, sei du selbst

Eine Anleitung zur Selbstakzeptanz

Wir vergleichen uns ständig mit anderen, doch nur selten spornt uns das an oder macht uns das glücklich. Im Gegenteil: Oft schürt es eine tiefe innere Unzufriedenheit. Das erfährt Maja Günther immer häufiger in ihrer Praxisarbeit mit Klient*innen und Teams.

In ihrem praktisch anwendbaren Ratgeber zeigt die charismatische Soziologin und Systemische Coachin, wie es gelingen kann, aus der Vergleichsfalle auszusteigen. Sie erklärt die psychologischen Hintergründe, wie uns positive wie negative Vergleiche seit unserer Kindheit prägen, und leitet Schritt für Schritt aus der Unsicherheit des Vergleichens hin zu einer liebevollen und stärkenden Selbstakzeptanz.

KNAUR
BALANCE